Helma Sick
Die besten Wege
zur finanziellen Sicherheit

W0234061

Zu diesem Buch

Finanzielle Unabhängigkeit ist heute wichtiger als je zuvor. Doch noch immer haben insbesondere Frauen eine gewisse Scheu vor einer nüchternen, selbstbewußten Finanzplanung. Die Münchner Finanzberaterin Helma Sick erklärt, welche Geldanlagen Sie in welchen Lebensabschnitten bevorzugen sollten, wie Sie am besten fürs Alter vorsorgen und wie Sie sinnvoll und legal Steuern sparen können. Die besten Wege zur finanziellen Sicherheit – kompetent und leichtverständlich erklärt.

Helma Sick, geboren 1941, Inhaberin des Münchner Unternehmens »frau & geld. Finanzdienstleistungen für Frauen« und Finanz-Kolumnistin in »Brigitte«.

Helma Sick
Die besten Wege
zur finanziellen Sicherheit

Piper München Zürich

Hinweis:
In diesem Buch sind die Angaben in DM bewußt beibehalten worden, da
zahlreiche Standards bei Drucklegung noch nicht in Euro feststanden.

Der vorliegende Band basiert auf Helma Sicks Buch »frau & geld«
(SP 3012).

Von Helma Sick liegen in der Serie Piper außerdem vor:
Wie frau sich bettet (2864)
frau & geld (3012)

Originalausgabe
Oktober 2001
© 2000, 2001 Piper Verlag GmbH, München
Umschlag: Büro Hamburg
Isabel Bünermann, Meike Teubner
Umschlagfoto: Mauritius-Lomo
Satz: Uwe Steffen, München
Druck und Bindung: Clausen & Bosse, Leck
Printed in Germany   ISBN 3-492-23455-0

Inhalt

»Rosa Elefanten« oder: Wie Sie garantiert nicht reich werden!

Wie Sie Betrüger und Betrugsobjekte erkennen 114 – Wie an sich solide Geldanlagen unsachgemäß verkauft werden 117

Das Magische Dreieck

Was Sie wissen müssen, bevor Sie
Geld anlegen

Sie möchten sicherlich ebensogern wie ich eine Geldanlage haben, die nicht nur hohe Erträge bringt, sondern auch absolut sicher ist und über die Sie jederzeit
verfügen können. Wenn Sie damit dann auch noch
Steuern sparen könnten und nicht allzuviel damit zu
tun hätten, wäre die Geldanlage ideal!
Sie können sich denken, daß es eine Geldanlage, die
all diese Ziele in idealer Weise verwirklicht, nicht
gibt. Bezeichnenderweise wird die Darstellung dieser
Ziele das »Magische Dreieck« genannt:

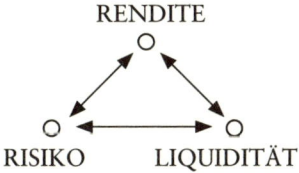

Nur Magie könnte Ihnen den maximalen Ertrag bei
geringstem Risiko und jederzeitiger Verkäuflichkeit
bringen.

Wenn Sie Ihr Geld beispielsweise auf ein Sparbuch legen, haben Sie zwar kein Risiko, und Sie können schnell an Ihr Geld. Ihr Ertrag ist aber sehr mager. Nach Abzug von Steuern und Inflationsrate bleibt meist nichts mehr übrig.

Sie müssen also Kompromisse schließen. Wenn Sie bei Ihrer finanziellen Planung Liquidität und Ertrag, Wachstum und Sicherheit in gleicher Weise berücksichtigen wollen, dürfen Sie nicht in eine einzige Geldanlage investieren – Sie müssen Ihr Geld streuen.

Zu den Begriffen des »Magischen Dreiecks«

Liquidität

Liquidität heißt, daß Sie über Ihr Geld jederzeit verfügen können. Besonders Frauen, das zeigen Umfragen, möchten ihr Geld jederzeit griffbereit haben.

So wichtig es ist, eine ständig verfügbare Liquiditätsreserve für Anschaffungen, Reisen und für Notfälle zu haben, so unsinnig und wenig lukrativ ist es in der Regel, das ganze Geld für imaginäre Notfälle bereitzuhalten.

Ebensowenig sinnvoll ist es allerdings, das ganze Vermögen langfristig und schwer auflösbar anzulegen. Eine solide, auf die individuellen Bedürfnisse abgestellte Vermögensplanung berücksichtigt dies.

Rendite

Die Rendite (Ertrag) zeigt, was Ihnen Ihr eingesetztes Kapital bringt. Die meisten Leute denken dabei ausschließlich an Zinsen. Erträge können aber auch sein: Dividenden bei Aktien, Ausschüttungen bei Investmentfonds, Mieteinnahmen bei Immobilien. Auch Steuerersparnisse bei Immobilien und Lebensversicherungen, Wertzuwachs bei Immobilien, Antiquitäten und Gold sowie Kursgewinne bei Aktien und festverzinslichen Wertpapieren müssen Sie zu den Erträgen rechnen.

Viele Leute lassen sich bei ihren Anlageentscheidungen ausschließlich von der Höhe der Zinsen beeindrucken, ohne zu berücksichtigen, wie hoch diese Zinserträge besteuert werden. Wer keine Steuern bezahlt (und wer ist schon in dieser glücklichen Lage?), kann sich über Zinserträge von 6 % uneingeschränkt freuen. Wenn Sie aber beispielsweise einem Steuersatz von 40 % unterliegen und den Freibetrag für Zinserträge schon ausgeschöpft haben, bleiben Ihnen nach Abzug der Steuern nur noch 3,6 %!

Wer also gut verdient und die Zinserträge nicht zum Leben braucht, sollte deshalb statt der Zinserträge lieber steuerfreie Kursgewinne (bei Aktien) oder steuerfreien Wertzuwachs (bei Kapital-Lebens- und Rentenversicherungen und bei Immobilien) anstreben.

Risiko

Es gibt keine Geldanlage ohne jedes Risiko. Bei dem Wort »Risiko« denken die meisten Leute an Totalverluste durch Börsencrashs oder betrügerische Anlagevermittler. Von diesen Extremfällen einmal abgesehen, gibt es ganz alltägliche und manchmal nicht vermeidbare Risiken, die Sie kennen sollten:

1. *Das Bonitätsrisiko.* Gemeint ist damit, daß die Institution oder das Unternehmen, dem Sie Ihr Geld anvertrauen, sicher sein muß. Bei Anleihen namhafter europäischer Banken dürfte kein Risiko bestehen. Bei Anleihen verschiedener Länder gilt es schon aufzupassen. Industrieanleihen, die auch in Deutschland zunehmende Bedeutung erlangen, bergen das größte Risiko.

Bewußt muß Ihnen sein, daß ein überdurchschnittlich hoher Zins, ob bei einer Industrieanleihe oder einer Staatsanleihe, eine Art Risikoprämie ist. Der Zinsaufschlag wird immer mit einem höheren Risiko bezahlt.

Wenn Sie an Industrieanleihen oder Anleihen ausländischer Staaten Interesse haben, sollten Sie Ihre Bank nach dem Rating des jeweiligen Unternehmens oder Staates fragen. Das ist die Bewertung der Kreditwürdigkeit eines Schuldners durch spezielle Agenturen. Am häufigsten finden Sie die Bewertung der beiden amerikanischen Rating-Agenturen Standard & Poors und Moody's. Hier ist das Bewertungsschema von S & P:

AAA	allerbeste Beurteilung, sehr geringes Risiko
AA+ AA AA−	hohe Qualität, geringes Risiko
A+ A A−	gute Qualität des Schuldners; aber auch negative Entwicklung ist möglich
BBB+ BBB BBB−	durchschnittliche Qualität des Schuldners; Risiko möglich
BB+ BB BB−	Anleihen mit spekulativem Charakter; Gefahr, daß Zinsen und Tilgung nicht gezahlt werden
B+ B B−	sehr spekulatives Wertpapier
CCC CC C	hochspekulative Anlage, sogenannte »Junk bonds« (Müllanleihen)

2. *Das Marktrisiko.* Niemand kann Ihnen heute sagen, ob die Zinsen in den nächsten Jahren steigen oder fallen, wie sich der Dollar entwickelt, ob die Aktienkurse noch weiter steigen, ob es einen Bör-

senkrach gibt oder nicht. Wer Ihnen etwas anderes verspricht, ist unseriös. Wenn Sie regelmäßig verschiedene Wirtschaftspublikationen lesen, dann wissen Sie, wie oft sich auch hochkarätige Spezialisten großer Geldinstitute in ihren Prognosen irren.

Sie können nur ganz allgemein sicher sein, daß auf eine Zeit niedriger Zinsen immer wieder eine Hochzinsphase folgt, daß Höhenflüge bei Aktien durch politische und wirtschaftliche Ereignisse gebremst werden können, daß auf einen Konjunkturabschwung auch wieder ein -aufschwung folgt. Nur *wann* das alles eintritt, ist Prognose und dementsprechend unsicher.

3. *Das politische Risiko*. Änderungen in der Gesetzgebung können gravierende Auswirkungen für Anleger/innen haben. Denken Sie nur an die Einführung der Zinsabschlagsteuer, die eine ganze Nation in Aufruhr versetzte. Oder an die Halbierung des Zinsfreibetrags zum 1.1.2000; an die Ausweitung der Spekulationsfrist bei Immobilien von zwei auf zehn Jahre, bei Aktien von sechs Monaten auf ein Jahr.

Immer wieder diskutiert werden in allen Parteien die Besteuerung von Kapitalauszahlungen bei Lebensversicherungen, die Besteuerung des Wertzuwachses bei Immobilien, die Einführung einer europaweiten Zinsabschlagsteuer und sogar die Aufhebung des Bankgeheimnisses.

4. Das Geldwertrisiko. Die Geldentwertung ist sicherlich das in der langfristigen Wirkung am meisten unterschätzte Risiko. Die Bundesrepublik Deutschland ist zwar »Stabilitäts-Weltmeister«, trotzdem ist die Kaufkraft von 1 DM in 30 Jahren auf 39 Pfennige geschrumpft! Ein Beispiel zeigt die Geldentwertung noch drastischer: Wenn Sie 1980 10 000 DM besessen haben, dann haben Sie zwar heute, 20 Jahre später, nach wie vor 10 000 DM, können sich aber nur noch im Wert von 5 536,80 DM etwas dafür kaufen.

Sie werden einwenden, daß sich in 25 Jahren auch die Einkommen drastisch erhöht haben. Das ist natürlich richtig. Und für den Fall, daß Sie in 25 Jahren noch arbeiten und Gehalt beziehen werden, ist dieses Beispiel auch nicht gedacht. Wenn Sie aber von dem Geld, das Sie jetzt sparen und anlegen, im Rentenalter werden leben müssen, ist die Preisentwicklung bzw. Geldentwertung außerordentlich wichtig.

Entgehen können Sie auf längere Sicht den Folgen der Geldentwertung nur, wenn Sie Geldanlagen wählen, die einen höheren Ertrag bringen und/oder bei denen sich durch steuerliche Vergünstigungen die Rendite erhöht.

Chancen und Risiken: Was Sie wissen sollten, wenn Sie sich für Geldanlagen interessieren

Aktien

Aktien sind Wertpapiere, Anteilscheine am Kapital einer Aktiengesellschaft, wie z.B. Siemens, BMW, Deutsche Bank. Mit der Ausgabe von Aktien verschaffen sich Aktiengesellschaften Eigenkapital. Die Inhaber/innen einer Aktie sind Miteigentümer am Vermögen einer Aktiengesellschaft.

Die meisten an deutschen Börsen notierten Aktien haben einen Nennwert von 5 DM. (Der Nennwert ist die Zahl, die der Aktie aufgedruckt ist.) Wenn eine Aktiengesellschaft ein Grundkapital von 10 Millionen DM hat, das in zwei Millionen Aktien zu je 5 DM Nennwert aufgeteilt ist, dann haben Sie als Aktionär/in mit einer Aktie im Nennwert von 5 DM eine Beteiligung von einem Zweimillionstel an diesem Unternehmen. Und damit haben Sie eine von zwei Millionen Stimmen auf der Hauptversammlung.

Gekauft werden Aktien aber nicht zum *Nennwert*, sondern zum *Kurswert*, der ein Vielfaches höher sein kann als der Nennwert. Der Kurswert wird bestimmt von Angebot und Nachfrage, von Erfolg und Mißerfolg der einzelnen Unternehmen, von der allgemeinen wirtschaftlichen Entwicklung und von innen- sowie außenpolitischen Ereignissen.

Einen Kursgewinn erzielen Sie, wenn Sie Ihre Aktie zu einem höheren Kurs verkaufen, als Sie sie gekauft haben. Einen Kursverlust müssen Sie verbuchen, wenn Sie das Papier zu einem niedrigeren Kurs verkaufen, als Sie es gekauft haben.

Als Aktionär/in erhalten Sie auf Ihre Anteile eine jährliche Gewinnausschüttung, die sogenannte Dividende. Im Gegensatz zu Zinsen bei festverzinslichen Wertpapieren steht die Dividende aber nicht fest. Erzielt die Aktiengesellschaft keinen Gewinn, kann die Dividende herabgesetzt werden oder auch ganz ausfallen. Sie kann aber natürlich auch erhöht werden.

Ertrag: Der laufende jährliche Ertrag, die Dividende, ist relativ niedrig (2–4 %). Gewinne aus Kurssteigerungen der Aktien haben Sie erst dann in barer Münze, wenn Sie die Aktien verkauft haben.

Risiko: Kursschwankungen, die beträchtlich sein können.

Liquidität: Aktien können täglich über Banken verkauft werden.

Verwaltbarkeit: Für die Verwaltung von Aktien ist ein hohes Maß an Wissen und Zeitaufwand nötig.

Steuern: Dividenden müssen versteuert werden, Kursgewinne sind steuerfrei, wenn die Aktien länger als ein Jahr in Ihrem Besitz sind (Spekulationsfrist).

Geeignet für: risikobereite Anleger/innen, die den Freibetrag für Zinserträge schon ausgeschöpft haben und die sich intensiv mit dieser Anlageform beschäftigen können.

Mein Rat: Aktien sind eine interessante Kapitalanlage mit hohen Gewinnchancen. Bei einer Anlagedauer von mehr als zehn Jahren, das hat eine Untersuchung der Berliner Humboldt-Universität gezeigt, brachten Aktieninvestitionen bisher durchschnittliche Jahresrenditen von 10 %. Aktienanlagen gehören deshalb zu jeder langfristigen Vermögensplanung.

Über diesen verheißungsvollen Zahlen dürfen Sie aber nicht vergessen, daß Aktien Risikopapiere sind, bei denen Sie mit teilweise heftigen Kursschwankungen rechnen müssen.

Kaufen Sie Aktien erst dann, wenn Sie ein finanzielles Polster mit sicheren Anlagen haben. Kaufen Sie Aktien mit dem Teil Ihres Kapitals, den Sie auf längere Sicht (mindestens fünf, besser zehn Jahre) nicht brauchen. Verlustgefahr besteht immer dann, wenn Sie einen zu kurzen Anlagehorizont haben und/oder wenn Sie das Geld zu einem bestimmten Zeitpunkt brauchen.

Kaufen Sie Aktien nicht auf Kredit. Durch einen Kauf auf Kredit erhöht sich Ihr Risiko. Wenn die Aktienkurse fallen, wenn also der Wert Ihres Aktiendepots unter den Kreditbetrag sinkt, kann die Bank den Ausgleich der Differenz verlangen. Die Bank kann also dann eine Nachzahlung fordern.

Wenn Sie keine Erfahrung mit Aktien haben, sollten Sie sich lieber an Standardwerte halten, also an die Aktien namhafter Unternehmen. Die Aktien kleiner und mittlerer Unternehmen sind deutlich riskanter.

Interessanter, nicht nur für Börsenneulinge, ist eine Investition in Aktienfonds, da Sie sich hier nicht selbst mit der Auswahl von Aktien befassen müssen. Das Risiko, die falsche Aktie zur falschen Zeit gekauft oder verkauft zu haben, minimieren Sie mit einem guten Aktienfonds. Mit Fonds erreichen Sie außerdem eine Risikostreuung, die Sie mit Einzelaktien nur bei großem Kapitaleinsatz erzielen können.

Aktienfonds

Aktienfonds werden ausführlich unter »Fonds« besprochen (S. 37–48).

Bausparen funktioniert wie eine Art Generationen-vertrag: Während die einen sparen, bauen die anderen gleichzeitig mit diesem Geld. In der Ansparphase sammeln Sie mit monatlichen Raten Eigenkapital für Ihren Immobilienkauf an und erwerben sich damit einen Anspruch auf das spätere zinsgünstige Darlehen, das Ihnen bei Vertragszuteilung zusammen mit Ihrem Guthaben ausgezahlt wird. Damit Ihr Bausparvertrag zugeteilt werden kann, müssen Sie das sogenannte Mindestguthaben (das sind je nach Tarif 40 oder 50 % der Bausparsumme) erreicht haben. Der Zeitpunkt der Zuteilung des Darlehens ist nicht garantiert. Wann Sie Ihr Darlehen erhalten, hängt vom Geldzufluß bei den Bausparkassen ab. Die Wartezeit kann bis zu zwölf Monate betragen.

Die großen Vorteile eines Bauspardarlehens sind der niedrige Zins und die Zinssicherheit. Der Nominalzins beträgt bei den Standardtarifen in der Regel ca. 5 % jährlich. Dieser Zins bleibt über die gesamte Darlehenslaufzeit gleich. Die Tilgung beträgt meist 7 % des Darlehensbetrages. Die monatliche Belastung aus Zins und Tilgung ist also bei Bauspardarlehen ziemlich hoch. Sie führt aber natürlich auch zu einer schnellen Entschuldung. Bauspardarlehen sind in der Regel nach zehn, elf Jahren getilgt.

Ertrag: Die Verzinsung des Guthabens ist relativ gering. Für Frauen unter bestimmten Einkommensgrenzen interessant durch Wohnungsbauprämie.

Risiko: praktisch keines. Nur die Zuteilung des Bauspardarlehens kann sich verzögern. Sie können also nicht damit rechnen, daß Sie das Darlehen genau zu dem Zeitpunkt erhalten, zu dem Sie es brauchen.

Liquidität: Wird eine Wohnungsbauprämie bzw. Arbeitnehmer-Sparzulage bezogen, ist der Ausstieg erst nach sieben Jahren möglich. Sonst jederzeit auflösbar, die Abschlußgebühr ist dann aber verloren.

Verwaltbarkeit: pflegeleicht.

Steuern: Zinsen sind steuerpflichtig.

Geeignet für: Anleger/innen, die in einigen Jahren eine Immobilie kaufen und sich Zinssicherheit verschaffen wollen. Für alle, die Anspruch auf die staatliche Förderung haben.

Mein Rat: Gerade Frauen haben oft einen oder mehrere Bausparverträge, meist mit Bausparsummen von 30 000, 40 000 oder 50 000 DM. Diese Art Bausparverträge ist letztlich zu nichts nutze: Zum Immobilienerwerb sind die Bausparsummen zu klein, als Sparvertrag zum Ausnutzen der Wohnungsbauprämie sind die Bausparsummen zu groß (und demzufolge die Gebühren zu hoch). Und zum Aufbau eines Vermögens sind diese Art Verträge wegen der geringen Verzinsung nicht geeignet.

Ein Bausparvertrag ist dann interessant,

• wenn Sie vorhaben, in einigen Jahren eine Immobilie zu erwerben; Sie wissen ja nicht, wie hoch die Hypothekenzinsen sind, wenn Sie Ihren Immobilienkauf verwirklichen wollen; nur über einen Bausparvertrag können Sie sich vorab langfristige Zinssicherheit verschaffen; einen Sinn ergibt so ein Bausparvertrag aber nur in einer entsprechenden Höhe; also nicht der Bausparvertrag über 30 000 DM ist hier sinnvoll, sondern über 100 000 DM und höher, je nach Eigenkapital und Höhe des angenommenen Kaufpreises;

• wenn Ihr zu versteuerndes Einkommen im Jahr unter 50 000 DM liegt (bei Verheirateten 100 000 DM); dann erhalten Sie die staatliche Wohnungsbauprämie von maximal 100 DM bei 1000 DM Einzahlung im Jahr (Verheiratete 200 DM bei 2000 DM); für diese Art Bausparverträge bieten einige Bausparkassen Zinsen von 5 %, wenn Sie den Vertrag mindestens sieben Jahre behalten und kein Bauspardarlehen beanspruchen.

Für solche Verträge reicht aber eine Bausparsumme von 10 000 DM (20 000 DM bei Verheirateten), da Sie ja kein Darlehen beanspruchen. Die Höhe der Bausparsumme ist wichtig, denn auf die Bausparsumme werden die Gebühren berechnet. Je höher die Bausparsumme, desto höher die Gebühren.

Ein Bauspardarlehen sollte immer nur ein Baustein

in der Gesamtfinanzierung Ihres Immobilienobjektes sein. Wählen Sie eine realistische Bausparsumme. Entscheiden Sie sich für einen Tarif mit 40 % Mindestguthaben, da Sie bei diesem Tarif die höchste Darlehenssumme (60 % der Bausparsumme) erhalten.

Festgeld

Festgeld, auch Termingeld genannt, ist bei allen Banken ab 10 000 DM möglich. Sie können Ihr Geld 30 Tage, aber auch drei Monate, ein halbes Jahr oder ein Jahr festlegen. Der mit der Bank vereinbarte Zinssatz gilt dann für die gesamte Laufzeit. Nach Ablauf der vereinbarten Zeit können Sie über Ihr Geld verfügen. Sie können aber natürlich die Anlage auch verlängern.

Ertrag: dem jeweiligen Marktzins entsprechend.

Risiko: Zinsänderungs-Risiko, d.h. nach Ablauf der Festlegung können sich die Zinsen negativ verändert haben. Verlustrisiko bei DM-Festgeld keines; bei Festgeld in anderen Währungen unter Umständen Wechselkurs-Verluste.

Liquidität: Nach Ablauf der Festlegungszeit ist das Geld verfügbar.

Verwaltbarkeit: kein Aufwand.

Steuern: Alle Zinsen müssen versteuert werden.

Geeignet für: Anleger/innen, die wissen, daß sie das Geld in absehbarer Zeit für Anschaffungen brauchen, oder z. B. Selbständige und Freiberufler/innen, die Rücklagen für Steuerzahlungen haben müssen. Geeignet auch, wenn größere Summen aus Erbschaften, Hausverkäufen usw. »geparkt« werden müssen, bis Anlageentscheidungen gefallen sind.

Mein Rat: Vielen Frauen kommt Festgeld mit seiner schnellen Verfügbarkeit, seiner Überschaubarkeit und Risikolosigkeit sehr entgegen, haben sie doch, wie an anderer Stelle schon ausgeführt, am liebsten ihr Geld griffbereit.

In den oben genannten Fällen sind Festgeldkonten sinnvoll und dazu rentabel, also empfehlenswert. Nicht geeignet sind sie als dauerhafte Geldanlage, da Sie über längere Zeiträume bei anderen Geldanlagen höhere Renditen erzielen.

Außerdem sind Sie mit Festgeldanlagen allen Zinsänderungen voll ausgesetzt. Haben Sie z. B. Ihr Festgeld auf ein Vierteljahr festgelegt, und die Zinsen sind inzwischen gesunken, erhalten Sie nach Ablauf des Vierteljahres den dann gültigen Festgeldzins. Sie können die höheren Zinsen also nicht für einen längeren Zeitraum festschreiben.

Festverzinsliche Wertpapiere (Rentenpapiere)

Über die Ausgabe von festverzinslichen Wertpapieren (auch Rentenpapiere genannt) verschaffen sich der Staat, die Länder und Gemeinden, aber auch Banken und Industrieunternehmen Geld, mit dem sie ihre vielfältigen Aufgaben erfüllen. Für das Geld, das sie sich auf diese Weise von Anleger/innen leihen, zahlen sie einen Zins, der für die gesamte Laufzeit fest ist (daher die Bezeichnung »festverzinsliche«).

Die klassischen festverzinslichen Wertpapiere sind Pfandbriefe und Kommunalobligationen, Inhaberschuldverschreibungen, Obligationen und Anleihen – z. B. von Bund, Post, Bahn und Banken –, Bundesschatzbriefe und Finanzierungsschätze. Darüber hinaus bekannt sind Industrieanleihen, die auch in Deutschland immer mehr an Bedeutung gewinnen, Euro-Auslandsanleihen, Fremdwährungsanleihen, Genußscheine, Optionsanleihen, Wandelanleihen und Zerobonds.

Festverzinsliche Wertpapiere lauten auf einen bestimmten Betrag, den sogenannten Nennwert. Er kann 100, 1000, 5000 DM oder ein Mehrfaches davon betragen.

Alle Papiere haben eine feste Laufzeit, Obligationen z. B. fünf Jahre, Anleihen zehn Jahre. Es gibt aber auch Papiere, die erst nach 20 bis 30 Jahren fällig werden. Am Ende der Laufzeit erhalten Sie Ihr Geld zu 100 % zurück. Die Wertpapiere können aber auch während der Laufzeit jederzeit zum aktuellen Tageswert verkauft werden.

Bei vorzeitigem Verkauf allerdings kann es ein Kursrisiko geben, wenn sich zwischen dem Kauf Ihrer Papiere und dem geplanten Verkauf das Zinsniveau verändert hat. Zwei vereinfachte Beispiele:

Sie haben 1999 eine Anleihe mit einer Laufzeit von zehn Jahren und einem Zinssatz von 4 % für 10 000 DM erworben. Nach zwei Jahren brauchen Sie dringend Geld und möchten deshalb Ihre Anleihe verkaufen. Inzwischen sind aber die Zinsen gestiegen, zehnjährige Anleihen bringen mittlerweile 5 % Zins. Das bedeutet für Sie, daß Ihnen für Ihre Anleihe niemand den Nennwert von 10 000 DM bezahlt, wenn es für die gleichen 10 000 DM eine Anleihe mit 5 % Zins gibt. Damit sich aber Käufer finden, wird an der Börse der Preis für Ihre Anleihe reduziert, und zwar im vorliegenden Fall auf 9450 DM. Ihnen bringt der Verkauf Ihrer Anleihe einen Verlust von 550 DM. Die Käuferin Ihrer Anleihe allerdings hat ein Schnäppchen gemacht: Sie erhält zwar nur 4 % Zins, hat aber für ein Wertpapier, für das sie am Ende der Laufzeit 10 000 DM bekommt, nur 9450 DM bezahlt. Der Kursgewinn, also die Differenz von 550 DM, ist ein zusätzlicher und steuerfreier Gewinn.

Anders schaut die Situation aus, wenn Sie eine Anleihe in einer Zeit hoher Zinsen kaufen und sie verkaufen, wenn das Zinsniveau gesunken ist. Beispiel:

Sie haben 1992 eine zehnjährige Anleihe gekauft für 10 000 DM zum Zinssatz von 8,5 %. 1997 mußten Sie Ihre Anleihe verkaufen. Da inzwischen neue Anleihen nur noch 5,5 % Zins bringen, reißen sich alle um Ihre Anleihe mit 8,5 %. Um hier einen Ausgleich zu schaffen, wird der Kaufpreis für Ihre Anleihe heraufgesetzt. Sie können also Ihre Anleihe statt zu 10 000 DM zu 11 250 DM verkaufen. Die Käuferin Ihrer Anleihen erhält nun zwar Jahr für Jahr 8,5 % Zins, bekommt aber am Ende der Laufzeit nur den Nennwert, also 10 000 DM, zurück, obwohl sie 11 250 DM dafür bezahlt hat.

Bei festverzinslichen Wertpapieren ist der Zins nicht immer auch die Rendite. Die Rendite ist abhängig von Zinssatz, Kaufkurs, Laufzeit und Gebühren. Fast alle großen Tageszeitungen veröffentlichen täglich die aktuellen Renditen der gehandelten Rentenpapiere.

Der Platz, an dem täglich die Preise für Anleihen und andere Papiere festgelegt werden, ist an der Börse der Rentenmarkt, also der Markt für festverzinsliche Wertpapiere. Nicht an der Börse gehandelt werden Bundesschatzbriefe und Finanzierungsschätze des Bundes.

Ein kurzer Überblick über die wichtigsten Formen von festverzinslichen Wertpapieren:

Bundeswertpapiere

Der größte Teil der öffentlich angebotenen Festverzinslichen entfällt auf Bundeswertpapiere. Das sind u. a. Finanzierungsschätze, Bundesschatzbriefe, Anleihen von Bund, Bahn, Post, von Ländern und Kommunen. Die einzelnen Bundeswertpapiere unterscheiden sich in Laufzeit, Verzinsung, Liquidität und Kursrisiko.

Bundesobligationen haben eine Laufzeit von fünf, Bundesanleihen von zehn Jahren. Sowohl Bundesobligationen als auch -anleihen werden an der Börse gehandelt, unterliegen also bei Zinsänderungen Kursschwankungen.

Bundesschatzbriefe haben wachsende Zinssätze; diese steigen über die Jahre nach einer festen Zinsstaffel für die gesamte Laufzeit. Es gibt sie als Typ A mit einer Laufzeit von sechs Jahren – die Zinsen werden jährlich ausgezahlt – und Typ B mit einer Laufzeit von sieben Jahren – die Zinsen werden angesammelt und mit Zinseszinsen zusammen mit dem Kapital bei Fälligkeit oder bei vorzeitiger Rückgabe ausgezahlt. Bundesschatzbriefe liegen ein Jahr fest, können dann aber jederzeit verkauft werden, allerdings nur bis zu 10 000 DM pro Monat.

Finanzierungsschätze sind abgezinste Papiere, d. h. sie haben keinen laufenden Zinsertrag. Die Zinsen werden vielmehr vom Nennwert (1000 DM) abgezogen. Sie zahlen also beim Kauf den um die Zinsen verminderten Betrag und erhalten am Ende der Laufzeit den vollen Nennwert von 1000 DM oder ein Vielfaches davon zurück. Finanzierungsschätze laufen ein oder zwei Jahre. Sie können während der Laufzeit nicht verkauft werden.

Alle Bundeswertpapiere können bei der Bundesschuldenverwaltung in Bad Homburg kostenfrei deponiert werden. Formulare zur Eröffnung eines Schuldbuchkontos (so wird das Depot bei der Bundesschuldenverwaltung genannt) erhalten Sie bei Ihrer Bank.

Bundeswertpapiere bieten eine marktgerechte Verzinsung und höchste Sicherheit. Immerhin wird die Bundesrepublik Deutschland mit »Triple A« (AAA) bewertet, also mit der besten Rating-Note.

Bankenschuldverschreibungen

Sie sind neben den öffentlichen Obligationen und Anleihen die meistgekauften festverzinslichen Wertpapiere hier in Deutschland. Zu ihnen gehören Inhaber-Schuldverschreibungen von Banken, Kommunalobligationen und Pfandbriefe.

Inhaber-Schuldverschreibungen sind festverzinsliche

Wertpapiere, die von Banken, Sparkassen oder Giro-
zentralen ausgegeben werden.

Pfandbriefe werden von Hypothekenbanken oder von
öffentlich-rechtlichen Kreditinstituten emittiert. Mit
dem Geld, das Sie über Pfandbriefe den Hypothekenbanken zur Verfügung stellen, werden Darlehen an
Immobilienkäufer/innen gewährt.

Kommunalobligationen werden von Gemeinden
und anderen Gebietskörperschaften ausgegeben. Der
Verkaufserlös aus Kommunalobligationen finanziert
öffentliche Aufgaben, also beispielsweise Straßen-
und Wohnungsbau, den Bau von Schulen und Kran-
kenhäusern.

Euro-Auslandsanleihen

Länder, die nicht der EWU angehören, sind Euro-Aus-
länder. Das sind derzeit Großbritannien, Schweden
und Dänemark. Auch die USA, Kanada und Japan
oder die sogenannten Schwellenländer verschaffen
sich über Euro-Auslandsanleihen Geld. Währungs-
risiken gibt es hier nicht. Das Risiko liegt allein in der
Bonität der jeweiligen Länder.

Fremdwährungsanleihen

Das sind festverzinsliche Wertpapiere in ausländi-
schen Währungen, also in US-, Austral- oder CAN-
Dollar, in englischen Pfund usw. Je unsicherer eine

Währung ist, desto höher sind die Zinsen. Anleger/innen haben dies in den vergangenen Jahren leidvoll bei Anlagen in australischen und neuseeländischen Dollars erfahren müssen. Lassen Sie sich also nicht allein von der Höhe der Zinsen leiten. Der Zinsvorteil von Fremdwährungsanleihen gegenüber Euro-Anleihen ist durch Währungsverluste schnell aufgezehrt.

Industrieanleihen

Über die Ausgabe von Anleihen verschaffen sich Industrieunternehmen, meist große Aktiengesellschaften, Kapital zur mittel- und langfristigen Fremdfinanzierung. Bis vor wenigen Jahren spielten Industrieanleihen in Deutschland kaum eine Rolle. In den letzten Jahren hat jedoch, bedingt durch die geringen Renditen bei Bundeswertpapieren, das Interesse von Anleger/innen für diese hochverzinsten Anleihen stark zugenommen. Die gegenüber einer Bundesanleihe höhere Verzinsung wird aber auch hier mit einem höheren Risiko bezahlt. Im Gegensatz zum Staat können Unternehmen ja auch pleite gehen.

Das Maß für das Risiko ist der Spread, der Zinsaufschlag gegenüber einer Bundesanleihe. Je höher also die Verzinsung der jeweiligen Industrieanleihe, desto höher das Risiko. Fragen Sie bei Ihrer Bank unbedingt nach dem Rating des Unternehmens, dem Sie Geld leihen wollen.

Aktienanleihen

Aktienanleihen haben meist eine Laufzeit von nur ein oder zwei Jahren und bieten häufig eine zweistellige Verzinsung. Aber zum Nulltarif gibt es diese hohen Zinsen natürlich nicht. Bei Aktienanleihen hat der Emittent zum Fälligkeitstermin das Wahlrecht, das Kapital entweder zu 100 % in bar oder durch Lieferung einer vorher festgelegten Anzahl von Aktien zurückzuzahlen. Die Aktien erhalten Sie aber nur dann, wenn der Wert des Aktienpakets niedriger ist als der Nennwert der Anleihe. Bei einem Kurseinbruch der Aktie tragen Sie das Verlustrisiko, von steigenden Aktienkursen profitieren Sie aber nicht. Ihr Gewinn ist dann auf die hohe Verzinsung der Anleihe beschränkt.

Genußscheine

Genußscheine, auch Genüsse genannt, werden als Zwitter zwischen Anleihe und Aktie bezeichnet. Es gibt sie in vielen Variationen. Manche ähneln eher Anleihen und sind mit einem festen Zins ausgestattet, der meist über dem marktüblichen Zinsniveau liegt. Anders aber als bei Anleihen haben Sie bei Genußscheinen keinen Anspruch auf die jährliche Ausschüttung. Fällt der Gewinn des Unternehmens in einem Jahr mager aus, müssen die Inhaber/innen von Genüssen auf die Ausschüttung verzichten. Andere Emittenten bieten eine garantierte Mindestverzinsung, die dann durch eine gewinnabhängige Ausschüttung aufgebessert wird.

Es gibt auch aktienähnliche Genußscheine, bei denen Sie einen Anspruch auf eine Beteiligung am Jahresgewinn haben. Diese Ausschüttung ist etwas höher als die Dividende der Aktionäre als Ausgleich dafür, daß Genußschein-Inhaber/innen kein Stimmrecht auf den Hauptversammlungen der Aktiengesellschaft haben.

Genußscheine können eine hochinteressante Anlage sein mit Renditen, die weit über das Niveau von festverzinslichen Wertpapieren hinausgehen. Die Sicherheit von Genußscheinen hängt ausschließlich von der Bonität des Emittenten ab. Deshalb ist hier eine sorgfältige Auswahl besonders wichtig.

Optionsanleihen

Es handelt sich hierbei um Anleihen mit Sonderrechten, die ausschließlich von Aktiengesellschaften herausgegeben werden. Meist handelt es sich um große Industrieunternehmen oder Banken, die sich mit Optionsanleihen preiswert Kapital beschaffen. Optionsanleihen sind nämlich meist sehr viel niedriger verzinst als beispielsweise Bundesanleihen. Als Ausgleich für diese deutlich niedrigeren Zinsen gibt es zur Optionsanleihe, quasi als Beigabe, den Optionsschein.

Mit diesem Schein haben Käufer/innen das Recht, aber nicht die Pflicht, innerhalb einer bestimmten Frist Aktien des Emittenten zu kaufen. Der Bezugspreis, der für die Aktien bezahlt werden muß, ist von vornherein festgelegt. Ab einem in den Anleihebedingungen festgelegten Zeitpunkt können Anleihe und Optionsschein getrennt werden. Ab diesem Zeitpunkt werden dann an der Börse drei Papiere notiert: die Optionsanleihe cum (mit Optionsschein), die Optionsanleihe ex (ohne Optionsschein) und der Optionsschein (warrant).

Die Anleihe ohne Optionsschein ist dann nichts anderes mehr als ein festverzinsliches Wertpapier, das bei Fälligkeit zu 100 % zurückgezahlt wird. Der von der Anleihe getrennte Optionsschein wird separat an der Börse gehandelt. Er ist in seiner Kursentwicklung vom Kurs der dazu gehörenden Aktie bestimmt. Optionsscheine sind spekulative Papiere, mit denen hohe Gewinne, aber auch hohe Verluste möglich sind.

Wandelanleihen

Auch sie werden als Zwitter zwischen Anleihe und Aktie bezeichnet. Wandelanleihen sind Wertpapiere mit Sonderrechten, die von Aktiengesellschaften ausgegeben werden. Wandelanleihen sind mit einem festen Zins ausgestattet, der allerdings in der Regel niedriger ist als bei normalen Anleihen. Sie haben ebenso wie normale Anleihen eine feste Laufzeit und werden am Ende der Laufzeit zu 100 % zurückgezahlt. Das Besondere daran ist: Sie haben das Recht, Ihre Anleihe in Aktien des jeweiligen Unternehmens zu tauschen. Wie viele Aktien Sie zu welchem Kurs für Ihre Anleihe erhalten, ist in den Anleihebedingungen festgelegt. Ebenso ist vorher schon festgelegt, ob Sie eine Zuzahlung leisten müssen und innerhalb welcher Frist getauscht werden kann. Nehmen Sie Ihr Umtauschrecht nicht wahr, erfolgt die Rückzahlung zum Nennwert am Ende der Laufzeit wie bei jeder normalen Schuldverschreibung.

Steigt der Aktienkurs des jeweiligen Unternehmens, notiert auch die Wandelanleihe meist über ihrem Nennwert. Wenn Sie Ihre Wandelanleihe dann verkaufen, können Sie einen steuerfreien Kursgewinn verbuchen. Kursverluste dagegen sind begrenzt. Ihre Wandelanleihe wirft ja jährlich feste Zinsen ab, und Ihr Kapital wird am Ende der Laufzeit zu 100 % zurückgezahlt. Einen Kursverlust haben Sie nur dann, wenn die Aktie des Unternehmens einen Kursrückgang verbuchen muß und Sie genau zu diesem Zeitpunkt, also vor Ende der Fälligkeit, Ihre Wandelanleihe verkaufen.

Zerobonds

Bei diesen festverzinslichen Wertpapieren gibt es während der Laufzeit keine Zinszahlungen. Deshalb werden sie auch Nullkupon-Anleihen genannt. Die Zinsen werden erst am Ende der Laufzeit mit Zins und Zinseszins ausgezahlt, ähnlich wie bei Bundesschatzbriefen Typ B.

Wenn Sie einen Zerobond kaufen, zahlen Sie nur einen Teil des Nennwertes und erhalten am Ende der Laufzeit den vollen Nennwert zurück. Ein Beispiel: Einen Zerobond der Deutschen Bahn AG konnten Sie im Januar 2000 für 3500 EUR kaufen, erhalten aber am 3.4.2016 10000 EUR zurück. Dies entspricht einer jährlichen Rendite von 6,68 %.

Zerobonds haben meist sehr lange Laufzeiten, oft sind es 10, 15 oder sogar 30, 40 Jahre. Ausgegeben werden sie von verschiedenen Ländern, der Weltbank, Geschäftsbanken und von Industrieunternehmen. Mit Zerobonds können Sie Zinseinkünfte in das steuerlich günstigere Rentenalter verlegen. Sie sollten dann aber Zerobonds zeitlich versetzt oder mit unterschiedlichen Laufzeiten kaufen, damit nicht alle in einem Jahr fällig werden.

Wie Sie sehen, gibt es im Bereich der verzinslichen Wertpapiere eine Vielzahl höchst unterschiedlicher Angebote. Für die meisten gilt folgendes:

Ertrag: laufende Zinserträge, Ausschüttung einmal jährlich; Kursgewinne, wenn Sie Wertpapiere mit hohem Zins besitzen und diese bei sinkendem Kapitalmarktzins vorzeitig verkaufen; oder wenn Sie Papiere unter ihrem Nennwert gekauft haben, aber am Ende der Laufzeit den vollen Nennwert erhalten.

Risiko: Kursverluste, wenn Sie Wertpapiere mit niedrigem Zins besitzen und diese bei steigendem Kapitalmarktzins vorzeitig verkaufen. Bonitätsrisiko bei Industrieanleihen, Genußscheinen, Wandelanleihen und bei Staatsanleihen verschiedener Länder, Währungsrisiko bei Fremdwährungsanleihen.

Liquidität: täglich zu verkaufen.

Verwaltbarkeit: kein Problem.

Steuern: Die Zinseinnahmen müssen versteuert werden; Kursgewinne sind nach Einhaltung der Spekulationsfrist von zwölf Monaten steuerfrei.

Geeignet für: Anleger/innen, die von den laufenden Zinseinnahmen ganz oder teilweise leben müssen.

Mein Rat: Festverzinsliche Wertpapiere sind eine der bekanntesten und beliebtesten Geldanlagen in Deutschland – zu Recht. Sie sind überschaubar: Jede/r weiß, was er/sie wann und in welcher Höhe wiederbekommt. Besonders geeignet sind sie, wie oben erwähnt, wenn Anleger/innen von den Zinseinnahmen leben müssen, beispielsweise im Rentenalter. Bei Anleger/innen, die Kapital bilden möchten und müssen und die Zinsen nicht zum Lebensunterhalt brauchen, finde ich Investmentfonds mit festverzinslichen Wertpapieren besser geeignet. Der Fall von Frau T. zeigt Ihnen, warum:

Frau T. ist 40 Jahre alt, Buchhändlerin und kann von ihrem Einkommen gut leben. Durch regelmäßiges Sparen hat sie sich ein Wertpapierdepot von 50 000 DM erworben. Die Zinsen werden einmal jährlich auf ihr Sparbuch eingezahlt. Sich jährlich über deren Neuanlage Gedanken machen zu müssen empfindet sie als Plage. Und weil die Zinsen so praktisch herumliegen, werden sie im Laufe der Zeit verbraucht für Anschaffungen, Reisen usw.

Frau T. hat, wie sehr viele Frauen, nicht bedacht, daß sich ihr Kapital nicht vermehren kann, wenn sie die Zinsen nicht regelmäßig wieder anlegt. Es wird aber im Laufe der Jahre durch die laufende Geldentwertung immer weniger wert. Frau T. hat zwar auch in zehn Jahren noch 50 000 DM. Diese 50 000 DM haben aber (eine 3%ige Inflationsrate vorausgesetzt) nur noch eine Kaufkraft von ca. 37 000 DM.

Um wenigstens die Substanz des Geldes zu erhalten, müssen Zins und Zinseszins das Kapital vermehren. Wenn Sie Vermögen aufbauen wollen, sollten Sie die jährlich anfallenden Zinsen regelmäßig und diszipliniert in einen Aktienfonds einzahlen.

Fonds (Investmentfonds)

Die Fondsbranche boomt. Das Renditebewußtsein der Anleger/innen ist in den letzten Jahren deutlich gestiegen. Zukunftssicherung und Altersvorsorge sind vorrangige Ziele geworden. Und Fonds, die pflegeleichte und steuerlich günstige Geldanlage, werden dafür immer beliebter.

Es gibt Aktien-, Renten- und Immobilienfonds, Geldmarktfonds, AS- und Dachfonds, Ökofonds, Indexfonds, Regionen- und Länderfonds, Rohstoff- und Technologiefonds usw. Die Palette reicht von risikoarm bis hochspekulativ.

Die Frage »Sind Investmentfonds eine gute Geldanlage?« ist also nicht so ohne weiteres zu beantworten, zu unterschiedlich sind die Anlageziele der einzelnen Fonds und, natürlich, auch die Ergebnisse. Und so funktionieren Fonds:

Investmentfonds sind Töpfe mit Anlegergeldern, die von einer Kapitalanlagegesellschaft (Investmentgesellschaft) verwaltet werden. Das Geld wird entsprechend dem Fondszweck in Aktien, festverzinslichen Wertpapieren oder Immobilien angelegt. Die Auswahl der Wertpapiere und Immobilien erfolgt nach dem Prinzip der Risikomischung.

Das Fondsvermögen muß bei einer Bank, der Depotbank, verwahrt werden. Die Anleger/innen erhalten über ihren Anteil am Fondsvermögen ein Zertifikat, das jederzeit an die Investmentgesellschaft zurückgegeben werden kann. Mit dem Kauf eines Investmentzertifikats erwerben Anleger/innen einen bestimmten Anteil am Fondsvermögen und an den laufenden Erträgen. Der Wert eines Anteils (Rücknahmepreis) wird börsentäglich festgestellt, indem der Gesamtwert des Fonds durch die Zahl der ausgegebenen Investmentzertifikate geteilt wird.

Ein Unterschied besteht zwischen dem Rücknahmepreis, der den echten Wert eines Fondsanteils darstellt, und dem Ausgabepreis. Im Ausgabepreis sind die einmaligen Gebühren enthalten (Ausgabeaufschlag), die beim Kauf jedes Fondsanteils entstehen. Aktien- und Immobilienfonds kosten überwiegend rund 5 % beim Kauf, Rentenfonds zwischen 2 und 3 %.

Investmentfondspreise werden täglich in den großen Tageszeitungen veröffentlicht. Außerdem können sie über das Internet abgerufen werden.

Ertrag, Risiko und steuerliche Gegebenheiten sind bei den einzelnen Fondskategorien sehr unterschiedlich. Deshalb verzichte ich hier auf das sonst in diesem Buch angewandte Schema. Neben einer ausführlichen Beschreibung der wichtigsten Fondsarten werde ich statt dessen die Vorteile und die Nachteile einer Geldanlage in Fonds gegenüberstellen.

Vorteile von Investmentfonds:

• *Die Flexibilität:* Sie können in Fonds einmalig eine Summe einzahlen (oft schon ab 5000 DM möglich), Sie können unregelmäßige Einzahlungen leisten, und Sie können monatlich eine gleichbleibende Summe über einen Dauerauftrag ansparen. Sie haben bei vielen Fonds auch die Möglichkeit, einen Auszahlplan abzuschließen, wenn Sie regelmäßig eine gleichbleibende Summe brauchen. Mit oder ohne Kapitalverzehr wird Ihnen dann monatlich oder auch vierteljährlich ein bestimmter Betrag aus Ihrem Guthaben überwiesen. Fondsanteile können jederzeit zum Rücknahmepreis verkauft werden.

• *Die rechtliche Sicherheit:* Deutsche Investmentgesellschaften sind in der Regel Töchter von Banken, Sparkassen und Versicherungsgesellschaften. Investmentgesellschaften und ihre Fonds unterliegen einem eigens hierfür geschaffenen Gesetz und sehr strengen Anlage-, Publizitäts- und Kontrollvorschriften. Das Geld ist in einem Sondervermögen untergebracht, das nicht veruntreut werden kann.

• *Die Transparenz:* Die Ausgabe- und Rücknahmepreise werden börsentäglich festgestellt und in den großen Tageszeitungen veröffentlicht. Außerdem können sie über das Internet abgerufen werden. Sie können also laufend feststellen, wie sich Ihr Fonds entwickelt. Die Fondsergebnisse werden außerdem

in regelmäßigen Abständen in großen Wirtschafts-
zeitungen publiziert. Das fördert die Konkurrenz –
und das ist vorteilhaft für Sie.

• *Die Kompetenz:* Manager von Fonds sind erfahrene
Spezialisten, die sich auf ein umfangreiches Instru-
mentarium und umfassende Informationen stützen
können.

• *Die Risikostreuung:* Wenn Sie selbst Aktien oder
festverzinsliche Wertpapiere kaufen, können Sie in
der Regel nur eine kleine Auswahl von Wertpapieren
erwerben. Die Gefahr, dabei auf das falsche Pferd zu
setzen, ist groß. Ein Fonds kann dagegen das Kapital
auf Wertpapiere mit verschiedenen Laufzeiten, verschiedener Länder, verschiedener Währungen usw.
verteilen.

• *Die Bequemlichkeit:* Sie müssen sich nicht selbst
um die Auswahl von Wertpapieren, Laufzeiten, Fälligkeiten und um die Wiederanlage der Ausschüttung
kümmern.

• *Die steuerliche Gestaltung:* Kursgewinne sind steuerfrei, wenn die Anteile mindestens ein Jahr in Ihrem
Besitz waren.

Nachteile von Investmentfonds:

• *Die Gebühren:* Für alle Fonds wird beim Kauf
einmalig der sogenannte Ausgabeaufschlag verlangt.
Rentenfonds kosten in der Regel 3 %, offene Immo-

bilien- und Aktienfonds 5 %. Mit diesen Beträgen deckt die Investmentgesellschaft ihre Ausgabekosten. Als laufende Kosten fallen die Depotbankvergütung und die Verwaltungsgebühr an.

• *Der Anlagezeitraum:* Die meisten Fonds müssen Sie als mittel- bis längerfristige Geldanlage sehen. Die Anlage rentiert sich sonst nicht. Sie können die Fondsanteile zwar jederzeit verkaufen, doch kann es z. B. bei Aktienfonds Zeitpunkte geben, zu denen ein Verkauf Verluste bringen würde. Sie müssen also Zeit und Geduld haben.

• *Die Unsicherheiten:* Je nach Risikograd des Fonds müssen Sie mit mehr oder weniger starken Kursschwankungen rechnen. Sie haben nicht, wie bei festverzinslichen Wertpapieren, eine über die Jahre gleichbleibende Ausschüttung. Diese kann nach oben oder nach unten variieren. Fonds, die in der Vergangenheit sehr gute Ergebnisse erzielt haben, müssen nicht zwangsläufig auch in Zukunft so gute Zahlen aufweisen. Das Fondsmanagement kann beispielsweise wechseln. Außerdem können auch Spezialisten irren.

Die wichtigsten Fondskategorien sind:

Aktienfonds

Schon mit wenigen tausend Mark oder mit einem monatlichen Sparbetrag von 100 DM können Sie sich an den chancenreichsten und namhaftesten Aktien Deutschlands, Europas oder der Welt beteiligen. Sie können Blue Chips bevorzugen, also die Aktien der namhaftesten Gesellschaften, oder auch Small Caps, Aktien von mittleren und kleineren Unternehmen. Oder Sie entscheiden sich für Technologiewerte, für Aktien asiatischer Unternehmen und und und. Mit Aktienfonds ist all das möglich.

Gute klassische Aktienfonds haben in den vergangenen 20 Jahren eine durchschnittliche Jahresrendite von 10–12 % erwirtschaftet und damit mehr als jede andere Anlageform. Wie wichtig die Auswahl eines guten Fonds ist, zeigen Vergleichszahlen: Der schlechteste Aktienfonds brachte es im gleichen Anlagezeitraum nur auf eine Durchschnittsrendite von 5 %.

Auch Fondsmanager können nicht zaubern! Sinken weltweit die Aktienkurse, kann auch ein Fonds Sie nicht vor Kursverlusten schützen. Echte Verluste allerdings haben Sie nur dann, wenn Sie Ihre Fondsanteile zu einem ungünstigen Zeitpunkt verkaufen. Deshalb sollte für eine Investition in Aktienfonds ein langer Anlagezeitraum zur Verfügung stehen. Mindestens zehn Jahre sollten es sein, mehr wäre besser.

AS-Fonds

Diese Fondskategorie gibt es seit Herbst 1998. Offiziell ist AS die Abkürzung für »Altersvorsorge-Sondervermögen«. Aber natürlich soll die Bezeichnung AS auch suggerieren, daß Sie besonders gute Karten haben, wenn Sie in so einen Fonds investieren.

AS-Fonds sind gemischte Fonds. Sie investieren in Aktien, festverzinsliche Wertpapiere und offene Immobilienfonds. Nach den Anlagevorschriften des Dritten Finanzmarktförderungsgesetzes müssen mindestens 51 % des Fondsvermögens in Substanzwerte wie Aktien oder Immobilien investiert werden. Der Aktienanteil soll mindestens 21 % sein und darf höchstens 75 % betragen. Maximal 30 % können in Immobilien angelegt sein.

AS-Fonds sind interessant für Anleger/innen, denen reine Aktienfonds zu riskant oder die dafür empfohlene Anlagezeit zu lang ist.

Dachfonds

Auch Dachfonds sind relativ neu. Bei einem Dachfonds werden nicht verschiedene Aktien und/oder Anleihen gemischt und verwaltet. Ein Dachfonds ist ein Fonds, der in andere Fonds investiert. Einige Investmentgesellschaften investieren dabei nicht nur in hauseigene Fonds, sondern bieten eine Mischung bester Fonds verschiedener namhafter Fondsgesellschaften.

Anleger/innen können zwischen verschiedenen Risikoklassen wählen, von sicherheitsorientiert (mit geringem Aktien- und hohem Rentenfondsanteil) bis dynamisch (mit hohem Aktienanteil), je nach Risikofreude.

Dachfonds sind eine vielversprechende und interessante Fondsvariante. Sie sind für alle Anleger/innen geeignet, die ihre Chancen über Fonds mit Aktien wahrnehmen, dabei aber das Risiko verringern möchten.

Garantiefonds

»Garantie« heißt bei diesen Fonds, daß Sie in jedem Fall, auch bei einem Börsencrash, am Ende der Laufzeit Ihr eingesetztes Geld abzüglich der Gebühren zurückbekommen. Aber: Den garantierten Betrag erhalten Sie nur, wenn Sie die Fondsanteile bis zum vereinbarten Laufzeitende behalten. Wenn Sie die Anteile bis zum Ende der Laufzeit nicht verkaufen, haben Sie also im schlimmsten Fall keinen Gewinn gemacht.

Diese Absicherung hat natürlich ihren Preis. Über Garantiefonds beteiligen Sie sich an der positiven Wertentwicklung bestimmter Aktienindizes, z. B. des EuroStoxx, des Nikkei oder des Dax. Sie profitieren aber nicht zu 100 % von einer positiven Entwicklung an den Börsen in Europa oder den USA, sondern nur zu 60 oder 70 %.

Garantiefonds laufen meist vier oder fünf Jahre. Für

diesen Zeitraum gibt es in Niedrigzinszeiten wenige lukrative Geldanlagen. Garantiefonds sind für einen mittelfristigen Anlagehorizont durchaus eine interessante Alternative.

Gemischte Fonds

Neben reinen Aktienfonds sind gemischte Fonds sehr interessant, die international in Aktien und in festverzinsliche Wertpapiere investieren. Ein Fondsmanagement hat hier die größten Möglichkeiten, auf sich verändernde Marktsituationen zu reagieren. Wenn Ihnen die Anlage in einem reinen Aktienfonds zu riskant und der Anlagezeitraum dafür zu lang erscheint, ist Ihr Geld in einem gemischten Fonds gut aufgehoben.

Rentenfonds

Das sind Investmentfonds, die in festverzinsliche Wertpapiere, sogenannte Rentenpapiere, investieren. Unterscheiden müssen Sie zwischen Fonds, die in deutschen Wertpapieren anlegen, und Fonds, die international investieren.

Fonds mit deutschen Wertpapieren werden leider immer noch häufig verkauft. Da sie ausschließlich in deutsche festverzinsliche Wertpapiere investieren, können diese Rentenfonds naturgemäß nicht mehr Rendite erzielen als diese Papiere selbst. Bei Fonds müssen Sie aber den Ausgabeaufschlag von 2–3 % bezahlen, der Ihr Ergebnis schmälert. Wenn Sie in deutsche Rentenpapiere investieren wollen, fahren Sie also besser, wenn Sie direkt Bundeswertpapiere oder Pfandbriefe kaufen.

Fonds sind immer dann interessant, wenn sie in Märkte investieren, die Ihnen nicht zugänglich sind oder für die Ihnen die nötigen Kenntnisse und das nötige Kapital fehlen.

Sehr viel interessanter als Fonds mit deutschen Wertpapieren sind deshalb internationale Rentenfonds, also Fonds, die in Anleihen verschiedener Länder und verschiedener Währungen investieren. Sie bieten die Chance, von höheren Zinsen in anderen Ländern zu profitieren; in begrenztem Umfang auch von Kurs- und Währungsgewinnen.

Neben den oben beschriebenen Wertpapierfonds gibt es noch die sogenannten offenen Immobilienfonds. Um die sehr wichtigen Unterschiede zwischen offenen und geschlossenen Immobilienfonds deutlich machen zu können, werden diese Fonds auf den Seiten 52–60 ausführlich beschrieben.

Mein Rat: Fonds sind eine ideale Anlageform, wenn Sie mittel- und längerfristig Geld zur Vermögensmehrung anlegen wollen und nicht dauernd damit befaßt sein möchten.

Bei kaum einer Geldanlageart allerdings ist gute Beratung so wichtig wie bei Investmentfonds. Den meisten Anleger/innen fehlt die Möglichkeit, aus der Fülle der angebotenen Fonds den oder die für sie richtigen herauszufinden.

Bewährt hat sich in der Praxis, die Ergebnisse der letzten fünf Jahre für eine Bewertung heranzuziehen. In manchen Zeitschriften praktizierte Verfahren, nur die Entwicklung von ein oder zwei Jahren zu betrachten, halte ich nicht für sinnvoll. Bei dieser Praxis schlagen außergewöhnlich gute wie auch außergewöhlich schlechte Jahre unverhältnismäßig auf das Ergebnis durch.

Mit Investmentfonds können Sie das Prinzip der Streuung sehr gut verwirklichen: Ein Aktienfonds z. B. streut das Anleger/innen-Geld in Aktien von 60 bis 100 verschiedenen Aktiengesellschaften, er darf dabei maximal 10 % in eine Branche investieren. Wählen Sie einen internationalen Aktienfonds, kommt zu dieser Branchen- und Firmenstreuung noch die Streuung in Länder und Währungen.

Wenn Sie Ihr Geld aufteilen und in Aktien-, Renten- und offene Immobilienfonds investieren, haben Sie eine nahezu optimale Risikomischung.

Nicht zu unterschätzen ist, daß Fonds mit Aktien steuerlich sehr günstig sind. Kursgewinne sind nämlich steuerfrei, wenn Sie die Anteile mindestens ein

Jahr in Ihrem Besitz hatten. Sie müssen nur die vergleichsweise geringen Dividenden versteuern.

Wenn Sie einen langen Anlagezeitraum (mindestens zehn Jahre, besser mehr) einplanen können und wenn Sie Risikofreude mitbringen, sollten Sie in Aktienfonds investieren.

Möchten Sie Ihr Geld nicht so lange anlegen oder ist Ihre Risikofreude begrenzt, dann sind Sie mit einem gemischten Fonds, einem AS-Fonds oder einem Dachfonds gut dran.

Wenn Sie zwar einen längeren Anlagezeitraum zur Verfügung haben, aber keine guten Nerven besitzen, dann sind sicherlich offene Immobilienfonds die richtige Wahl.

Garantie- und Rentenfonds eignen sich für den Teil Ihres Vermögens, den Sie als mittelfristige Reserve halten wollen. Investmentfonds können Sie über Banken oder bei unabhängigen Finanzdienstleistungsunternehmen kaufen. Wissen sollten Sie, daß Banken in der Regel nur die hauseigenen Fonds anbieten.

Immobilien

Immobilien sind *die* klassische Sachwertanlage. Sie gelten als inflations- und krisensicher und sollten deshalb Bestandteil jedes größeren Vermögens sein.

Die selbstgenutzte Wohnung, das eigene Haus sind ein wichtiges Ziel der privaten Vermögensplanung und eine sinnvolle Form der Altersvorsorge. Mit einer vermieteten Immobilie schaffen Sie sich bei richtiger Gestaltung im Alter eine dauerhafte und dynamische Zusatzrente.

In diesem Buch geht es um Geldanlagen, deshalb steht hier die vermietete Immobilie als Kapitalanlage im Vordergrund.

Ertrag: laufende Mieteinnahmen, in der Regel ca. 3–4 %; Wertsteigerung erst über längere Zeiträume und nur bei Verkauf; Steuerersparnisse je nach persönlichem Steuersatz.

Risiko: nur bei Schrottimmobilien, sonst gering, allerdings Preisverfall möglich durch Gesetzesänderungen (z. B. Wegfall von Steuererleichterungen) oder bei unsachgemäß verwalteten Immobilien usw.; Gefahr, unter Zeitdruck verkaufen zu müssen, bringt unter Umständen Preiszugeständnisse und Werteinbußen.

Liquidität: eingeschränkt, Verkauf kann Monate dauern.

Verwaltbarkeit: keine pflegeleichte Geldanlage. Mieter sind Menschen und damit auch fehlbar!

Steuern: Steuervorteile bei Neubauwohnungen und denkmalgeschützten Objekten. Sprechen Sie unbedingt vor dem Kauf mit Ihrer Steuerberaterin / Ihrem

Steuerberater. Der Gewinn aus dem Verkauf einer Immobilie ist steuerfrei, wenn die Immobilie mehr als zehn Jahre in Ihrem Besitz war.

Geeignet für: Anleger/innen mit dauerhaft gutem Einkommen und hohem Steuersatz.

Mein Rat: Eine vermietete Immobilie kann der erste Schritt zum Immobilienvermögen sein. Miete und Steuerersparnis helfen Ihnen, Ihre Immobilie zu finanzieren. Allerdings verlangt sie von Ihnen mehr als andere Geldanlagen. Wenn eine Immobilie nicht zum Klotz am Bein werden soll, dann müssen Sie ein finanzielles Polster haben und über ein gutes Einkommen verfügen.

Bei keiner Geldanlage gibt es so viele Milchmädchenrechnungen und Illusionen wie bei Immobilien. Die allgemein positive Bewertung dieser Anlageform, die Aussicht, Steuern sparen zu können, und die gewiefte »Reichrechnerei« der Immobilienverkäufer machen viele Anleger/innen glauben, daß jede Immobilie bei jedem Einkommen, in jeder Lebenssituation eine gute Geldanlage sei. Das fehlende Eigenkapital »zahlt das Finanzamt«, wird suggeriert und: »Miete und Steuervorteile tragen locker die Kosten, und nach fünf Jahren wird die Immobilie mit enormen Gewinnen verkauft!«

Lassen Sie sich von solcher Schönfärberei nicht blenden. Auch bei Immobilien wird Ihnen nichts geschenkt. Halten Sie sich vor Augen, daß Sie sich mit so einer Investition hoch verschulden. Kaufen Sie eine Immobilie nur dann,

• wenn Sie über ein hohes und einiger Wahrscheinlichkeit nach sicheres Einkommen verfügen,

• wenn Sie schon andere Geldanlagen haben, also ein ausreichendes finanzielles Polster besitzen,

• wenn die Rechnung auch ohne Steuervorteile aufgeht, Sie sich also das Objekt auch ohne steuerliche Entlastung leisten können. Verwenden Sie die Steuerersparnis ausschließlich zur Tilgung Ihrer Hypothek,

• wenn Sie auch nach Wegfall der Steuervorteile das Objekt halten können und wollen. Spekulationen, eine Immobilie dann gewinnbringend verkaufen zu können, wenn die Steuervorteile wegfallen, gehen in der Regel nicht auf,

• wenn Sie sich darüber im klaren sind, daß es sich bei Immobilien um eine sehr langfristige Geldanlage handelt (10 bis 15 Jahre). Die nach kurzer Anlagezeit mit Immobilien erzielbaren Gewinne können Sie auch bei anderen guten Geldanlagen erreichen. Erst nach einer Anlagedauer ab zehn Jahren brachten Immobilien bisher hohe Veräußerungsgewinne.

Und wenn Sie sich für eine Immobilie entschieden haben, vergessen Sie nicht, die zusätzlichen Kosten beim Kauf einzukalkulieren: Der Notar verlangt etwa 1,5 % vom Kaufpreis; das Finanzamt kassiert

2% des Kaufpreises als Grunderwerbsteuer; für die Grundbucheintragung müssen Sie mindestens 1000 DM rechnen. Und nicht zuletzt der Makler: Er bekommt 3,45% als Courtage. Bei einem Kaufpreis von 300 000 DM z.B. müssen Sie mit ca. 20 000 DM zusätzlichen Kosten rechnen.

Immobilienfonds

Die direkte Immobilienanlage übersteigt in vielen Fällen die finanziellen Möglichkeiten einer Anlegerin. Der lukrative Bereich der Gewerbeimmobilien bleibt privaten Anlegern weitgehend verschlossen.
Eine interessante Form der Anlage in Immobilien sind offene und geschlossene Immobilienfonds. Hier gibt es erhebliche Unterschiede:

Offene Immobilienfonds

Offene Immobilienfonds sind Investmentfonds, bei denen Ihr Geld nicht in Wertpapieren, sondern in gewerblichen Immobilien angelegt wird. Offen werden sie genannt, weil die Zahl der Anleger nicht beschränkt ist. Es werden ständig Fondszertifikate ausgegeben und zurückgenommen, neue Immobilien erworben und alte verkauft. Offene Fonds haben in ihrem Bestand in der Regel mindestens zehn, manchmal sogar bis zu 100 verschiedene Immobilien aus unterschiedlichen Lagen und Branchen. Seit einigen Jahren investieren offene Immobilienfonds auch im europäischen Ausland, z. B. in Großbritannien, Holland, Frankreich. In diesen Ländern sind teilweise höhere Renditen zu erzielen.

Die Fondsgesellschaften erwirtschaften Erträge durch steuerpflichtige Mieteinnahmen und durch steuerfreie Gewinne beim Verkauf von Immobilien.

Offene Immobilienfonds unterliegen, wie andere Investmentfonds auch, den strengen gesetzlichen Bestimmungen für Kapitalanlagegesellschaften. Sie werden kontrolliert durch das Bundesaufsichtsamt für das Kreditwesen. Mindestens 5 % seiner Mittel muß ein offener Fonds als Barreserve halten. Damit ist sichergestellt, daß Sie Ihr Geld wiederbekommen, wenn Sie aussteigen möchten.

Ein enormer Vorteil gegenüber der Direktanlage in Immobilien sind hier die tägliche Verkäuflichkeit, die Beteiligungsmöglichkeit schon mit relativ kleinen Beträgen, die professionelle Auswahl und Verwaltung der Objekte. Die Wertentwicklung offener Immobilienfonds weist kaum Schwankungen auf.

Ertrag: im Durchschnitt der letzten zehn Jahre 5–7 % im Jahr; je nach Art des Fonds sind 30–60 % des Ergebnisses steuerfrei.

Risiko: gering, da die Objekte nahezu vollständig

mit Eigenkapital finanziert sind; bei einem deutlichen und anhaltenden Preisverfall bei Gewerbeimmobilien könnte der Anteilswert sinken und bei Verkauf einen Verlust bringen.

Liquidität: Fondsanteile sind täglich veräußerbar. Wenn Sie die Anteile nach Ablauf der Spekulationsfrist von zwölf Monaten verkaufen, ist der Wertzuwachs steuerfrei.

Verwaltbarkeit: Wie bei allen Investmentfonds haben Sie mit der Verwaltung, mit Kauf und Verkauf der Immobilien nichts zu tun.

Steuern: Die Ausschüttungen der offenen Fonds sind zu einem Teil steuerfrei; die Wertsteigerung der Anteile führt zu einem steuerfreien Gewinn (wenn Sie die Spekulationsfrist von zwölf Monaten eingehalten haben).

Geeignet für: Anleger/innen, die einen Teil ihres Geldes in Immobilien anlegen möchten und denen eine direkte Immobilienbeteiligung zu teuer und zu zeitaufwendig ist.

Mein Rat: Offene Immobilienfonds sind eine interessante Geldanlage für Anleger/innen, die eine inflationssichere, wertbeständige und langfristige Geldanlage suchen und sich vor dem Risiko und dem Zeitaufwand bei einer Direktinvestition scheuen.

Da die Anteilscheine jederzeit zurückgegeben werden können, vereinigen sie die Vorteile der Immobilienanlage mit denen eines Wertpapiers. Offene Immobilienfonds sollten Bestandteil einer ausgewogenen Vermögensstreuung sein.

Geschlossene Immobilienfonds

Die geschlossenen Immobilienfonds, die in den letzten Jahren negative Schlagzeilen machten, waren ausnahmslos Steuersparfonds mit (oft nicht oder nur teilweise vermieteten) Immobilien in den neuen Bundesländern.

Es gibt mittlerweile aber eine ganz neue Generation von soliden geschlossenen Immobilienfonds, die für viele Anleger/innen sehr interessant sein können. Die hohen Steuervorteile, die oft zu abenteuerlichen Konzeptionen geführt haben, sind durch die Steuerreform vom April 1999 mittlerweile stark eingeschränkt. Steuervorteile sind also nicht mehr das ausschlaggebende Motiv für die Beteiligung an einem geschlossenen Immobilienfonds.

Immer mehr Anleger/innen entdecken die Vorteile dieser Geldanlage:

• die hohen und weitgehend steuerfreien Ausschüttungen,
• die pflegeleichte Beteiligung an Immobilienbesitz,
• die professionelle Abwicklung und Verwaltung.

Immer vorausgesetzt, daß es sich um einen solide konzipierten Fonds eines erfahrenen Anbieters handelt.

Und so funktionieren geschlossene Immobilienfonds:
Sie beteiligen sich in der Regel an einer (manchmal auch
an zwei, drei oder mehr) gewerblichen Großimmo-
bilie wie Büro- und Verwaltungsgebäude, Einkaufszentrum, Warenhaus, Fach- und Verbrauchermärkte
usw. Bei einzelnen Fonds kann dazu ein geringer
Anteil an Wohnimmobilien enthalten sein.

Die Investitionssummen für Großimmobilien, z. B. für
ein Bürohaus, liegen in Millionenhöhe. Um diese zu
finanzieren, werden Anteile an Einzelanleger (in der
Regel ab 20 000 DM + 5 % einmalige Gebühren) verkauft. Ist das zur Finanzierung der Immobilie nötige
Kapital auf diese Weise erbracht, wird der Fonds
geschlossen, d. h. es können dann keine Anteile mehr
erworben werden.

Jede/r Anleger/in ist Mitgesellschafter/in. Das hat die
Konsequenz, daß Sie steuerlich wie ein/e Bauherr/in
behandelt werden. Dadurch haben Sie häufig Steuervorteile. Andererseits haben Sie natürlich auch ein
gewisses unternehmerisches Risiko.

Geschlossene Immobilienfonds gibt es in der Rechts-
form der KG (Kommanditgesellschaft: Anleger haften nur für das eingesetzte Kapital) oder der GbR
(Gesellschaft des bürgerlichen Rechts, Anleger haften
unbeschränkt). Folgende Varianten sind interessant
für Sie:

Fonds mit Inlandsimmobilien: Hier gibt es unter-schiedliche Angebote. Ein Teil der Fonds bietet noch sogenannte Verlustzuweisungen in der Investitions-phase, die Sie mit Ihren persönlichen Einkünften ver-rechnen können. Dadurch ergeben sich im ersten oder in den ersten Jahren Einsparungen bei der Einkom-mensteuer. In den Folgejahren haben Sie regelmäßige Ausschüttungen, meist ein- oder zweimal jährlich. Diese Ausschüttungen sind durch die Abschreibun-gen auf die Immobilie über lange Jahre zu ca. zwei Dritteln steuerfrei. Andere Fonds verzichten ganz auf Verlustzuweisungen. Diese Fonds haben das Ziel, langfristig hohe Ausschüttungen zu erwirtschaften.

Fonds mit Auslandsimmobilien: Dies ist eine relativ neue, aber sehr interessante Variante geschlossener Immobilienfonds. Investiert wird hier nicht in Deutsch-land, sondern im europäischen Ausland, und zwar aus folgendem Grund: Zwischen der Bundesrepublik Deutschland und verschiedenen Ländern gibt es ein Doppelbesteuerungs-Abkommen (DBA). Dieses DBA besagt, daß Einkommen, das in einem anderen Land erzielt und dort nicht besteuert wird, auch in Deutsch-land nicht versteuert werden muß. Es gilt lediglich der Progressionsvorbehalt. Das heißt, die steuerfreien Einnahmen werden zu Ihrem zu versteuernden Ein-kommen fiktiv dazugerechnet. Der daraus ermittelte höhere Durchschnittssteuersatz wird dann auf das zu versteuernde Einkommen angewendet. Viele Fonds investieren in Holland und den USA, einige in Großbritannien. Wieder andere bieten einen Mix aus Immobilien vieler europäischer Länder. Alle Fonds haben eines gemeinsam: Die Ausschüttungen betragen je nach Fonds zwischen 6,5 und 8 %, und diese Ausschüttungen sind, wie oben schon beschrieben, überwiegend steuerfrei.

Ertrag: bei manchen Fonds im ersten Jahr steuerliche Vorteile, auf viele Jahre überwiegend steuerfreie Ausschüttungen.

Risiko: durch Beschränkung auf wenige Objekte geringe Risikostreuung. Als Mitgesellschafter/in unternehmerisches Risiko.

Liquidität: Sehr eingeschränkt, die Fondsanteile sind nicht ohne weiteres veräußerbar. Einige Fondsanbieter sind beim Verkauf behilflich.

Verwaltbarkeit: pflegeleicht.

Steuern: Steuervorteile, ganz oder teilweise steuerfreie Ausschüttungen.

Geeignet für: Gutverdienende, die Steuern sparen möchten; Anleger/innen, die hohe Ausschüttungen brauchen; Anleger/innen, die den Freibetrag für Zinserträge ausgeschöpft haben und die deshalb Wert auf steuerlich begünstigte Ausschüttungen legen.

Mein Rat: Die neue Generation geschlossener Immobilienfonds bietet grundsätzlich eine interessante, pflegeleichte Form der Immobilieninvestition. Mit einem guten Fonds eines seriösen und erfahrenen Anbieters haben Sie eine sichere und wertbeständige Sachwertanlage.

Geschlossene Immobilienfonds sind aber komplizierte Kapitalmarktprodukte und für Laien schwer zu durchschauen. Die wenigsten Anleger/innen haben Kriterien an der Hand, mit denen sich die Seriosität eines Angebots beurteilen läßt. Außerordentlich wichtig sind hier die Bonität und die Erfahrung eines Anbieters.

Grundsätzlich sind Fonds, hinter denen eine Bank oder Versicherungsgesellschaft steht, gegenüber einem privaten Fondsinitiator zu bevorzugen. Es sei denn, letzterer hat eine langjährige Erfahrung und eine positive Leistungsbilanz vorzuweisen. Professionelle, seriöse Beratung ist bei solchen Kapitalmarktangeboten besonders wichtig.

Wählen Sie Fonds, mit denen Sie sich an soliden Immobilien an guten Gewerbestandorten beteiligen. Die Immobilien sollten langfristig an Mieter mit guter Bonität vermietet sein.

Kaufen Sie keinen Fonds, mit dem Sie sich an einem Hotel, einer Klinik oder einem Seniorenheim beteiligen. Bei diesen sogenannten Betreiberimmobilien kommt es nicht vorrangig auf die Qualität der Immobilie an, sondern hauptsächlich auf die Qualität des Managements. Dieses Management kann Fehler begehen oder nicht solide wirtschaften. Sie gehen also bei dieser Art Fonds ein wesentlich höheres Risiko ein als bei einem Fonds mit Büroimmobilien.

Lebensversicherungen

Unter dem Begriff »Lebensversicherung« werden recht unterschiedliche Produkte zusammengefaßt. Allgemein bekannt ist, daß mit Lebensversicherungen Risiken abgedeckt werden können und für das Alter vorgesorgt werden kann. Daß Lebensversicherungen auch als Geldanlage interessant sein können, wissen viele nicht.

Der Fiskus läßt alle Zinserträge aus Lebensversicherungen steuerfrei, wenn mindestens fünf Jahresbeiträge entrichtet sind und eine Mindestlaufzeit von zwölf Jahren eingehalten wird. Durch die Steuerfreiheit der Erträge erhöht sich die Rendite für alle, die den Freibetrag für Kapitalerträge schon ausgeschöpft haben.

Wenn Sie Freiberufler/in sind und die monatlichen oder jährlichen Beiträge als Vorsorgeaufwand steuerlich absetzen können, haben Sie einen doppelten

Steuerspareffekt: Durch die Vorsorgeaufwendungen reduzieren Sie Ihr steuerpflichtiges Einkommen; nach Ablauf der Versicherung erhalten Sie den Auszahlungsbetrag steuerfrei!

Die Risiko-Lebensversicherung

Nicht zur Geldanlage geeignet, wegen ihrer Bedeutung aber unbedingt erwähnenswert, ist die Risiko-Lebensversicherung. Sie dient der Absicherung im Todesfall, d.h. die Versicherungssumme wird ausschließlich im Todesfall an die Hinterbliebenen ausbezahlt. Die Laufzeit kann beliebig bestimmt werden. Weil die Risiko-Lebensversicherung keinen Sparanteil enthält, ist die Prämie recht niedrig. Risiko-Lebensversicherungen sollten immer dann abgeschlossen werden, wenn durch einen Todesfall finanzielle Schwierigkeiten entstehen können. Sie eignen sich also besonders zur Absicherung kleiner Kinder und großer Schulden!

Die Kapital-Lebensversicherung

Als Geldanlage interessant ist die Kapital-Lebensversicherung, auch Lebensversicherung auf den Todes- und Erlebensfall genannt, eine der bekanntesten und am weitesten verbreiteten Anlageformen. Sie enthält neben der Risiko-Lebensversicherung einen Sparanteil, der von der Versicherungsgesellschaft gewinnbringend angelegt wird. Kapital-Lebensversicherungen können vielseitig eingesetzt werden: zur Kapitalanlage, zur Altersversorgung, zur Todesfall-Absicherung, zur Kredittilgung bei vermieteten Immobilien usw. Nach Ablauf von zwölf Jahren (Mindestlaufzeit) sind die Erträge steuerfrei (siehe oben).

Die private Rentenversicherung

Ebenfalls als Geldanlage interessant ist die private Rentenversicherung, eine Lebensversicherung, bei der das Todesfallrisiko entfällt. Wenn Sie über 40 Jahre alt sind, ausschließlich für Ihr Alter vorsorgen möchten und keine Hinterbliebenen absichern müssen oder wollen, erzielen Sie mit einer privaten Rentenversicherung höhere Erträge. Sie haben wie bei der Kapital-Lebensversicherung die Möglichkeit, sich nach Ablauf der Versicherung das Kapital in einer Summe – steuerfrei – auszahlen zu lassen. Sie können sich statt dessen aber auch für eine monatliche Rente entscheiden, die dann lebenslang gezahlt wird und die ebenfalls steuerbegünstigt ist. Die Entscheidung müssen Sie erst kurz vor Ablauf der Versicherung treffen.

Die fondsgebundene Lebensversicherung (Fondspolice)

Dies ist eine Lebensversicherung, bei der Ihr Beitrag in Investmentfonds, vorzugsweise in Aktienfonds, angelegt wird. In der Regel ist es möglich, den monatlichen Sparbeitrag auf mehrere Fonds aufzuteilen. Sie können also mit einem Monatsbeitrag von 100 DM z. B. in verschiedene Fonds mit unterschiedlichem Risiko investieren.

Fondspolicen ähneln vom Prinzip her am ehesten englischen Lebensversicherungen, die ja traditionell überwiegend in Aktien investieren. Bei Fälligkeit bekommen Sie das Fondsguthaben zum aktuellen Kurswert ausgezahlt. Hier liegt eine Chance, aber auch ein Risiko dieser Lebensversicherungsvariante: Wie Sie wissen, haben Fonds mit Aktien in der Vergangenheit sehr gute Renditen gebracht. Sie haben also die Chance, ein deutlich höheres Ergebnis zu erzielen als bei einer traditionellen Kapital-Lebensversicherung oder Rentenversicherung.

Aber keine Chance ohne Risiko: Aktien unterliegen naturgemäß starken Schwankungen. Wenn sich zum Ablauf Ihrer fondsgebundenen Lebensversicherung eine länger dauernde Börsenflaute ergibt, kann das Ergebnis auch mager aussehen. Einige Anbieter von Fondspolicen bieten in dieser Situation die Möglichkeit, die Fondsanteile in das eigene Wertpapierdepot zu übernehmen. Dann können Sie in aller Ruhe abwarten, bis sich die Kurse wieder erholt haben.

Wie alle anderen Lebensversicherungsformen auch, muß die Fondspolice mindestens zwölf Jahre laufen,

und es müssen mindestens fünf Jahresbeiträge eingezahlt sein. Dann ist die Auszahlung am Ende der
Laufzeit steuerfrei. Anders als bei der Kapital-Lebens-
und Rentenversicherung haben Sie bei der Fondspolice keine garantierte Mindestverzinsung.
Bei allen Lebensversicherungsformen sind die folgen-
den Varianten möglich:

Direktversicherung durch Gehaltsumwandlung: Eine
interessante Möglichkeit, die viele Arbeitnehmer/
innen nutzen können, ist die Direktversicherung durch
Gehaltsumwandlung. Hierbei schließt der Arbeitgeber für den/die Arbeitnehmer/in eine Lebensversicherung ab und zahlt die Prämie dafür (der zulässige
Höchstbetrag ist 3408 DM im Jahr oder 284 DM im
Monat) direkt an die Versicherungsgesellschaft. Die
Versicherungsprämie wird vom Bruttogehalt abgezogen und pauschal mit (derzeit) 20 % versteuert. Der/
die Arbeitnehmer/in versteuert nur noch ein verrin-
gertes Bruttogehalt, spart damit Einkommensteuer
und finanziert über diese Steuerersparnis einen Teil
des Versicherungsbeitrags. Noch günstiger wird Ihr
Vertrag, wenn Sie einen Jahresbeitrag wählen und
diesen aus einer Sonderzahlung überweisen lassen,
z. B. vom Weihnachtsgeld. Wenn Sie mit Ihrem Gehalt
unterhalb der Beitragsbemessungsgrenze liegen, bleibt
Ihr Versicherungsbeitrag zusätzlich sozialabgabenfrei.

Eine Direktversicherung muß immer mindestens bis zum 60. Lebensjahr laufen. Sie kann nicht vorzeitig gekündigt werden. Es ist auch nicht möglich, eine Direktversicherung zu beleihen.

Prämiendepot mit Lebensversicherung: Wenn Sie einmalig einen größeren Betrag, beispielsweise 50 000 DM, längerfristig anlegen möchten, gibt es bei den meisten Versicherungsgesellschaften eine besonders interessante Anlagemöglichkeit, ein sogenanntes Beitrags- oder Prämiendepot. Und so funktioniert es: Sie schließen je nach Alter oder Neigung eine Kapital-Lebensversicherung, eine Rentenversicherung oder eine Fondspolice ab. Aber Sie zahlen nicht, wie sonst üblich, Monat für Monat oder Jahr für Jahr Ihren Beitrag. Sondern Sie zahlen die gesamte Summe, in unserem Beispiel also 50 000 DM, auf ein Festgeldkonto (Depot) bei der Versicherungsgesellschaft ein. Dort wird Ihr Geld gut verzinst, meist gibt es 2–3 % mehr als auf einem »normalen« Festgeldkonto bei der Bank. (Diese Zinsen sind steuerpflichtig.) Von dort werden nun fünf Jahre lang die Jahresbeiträge für Ihre Versicherung abgebucht, bis das Festgeldkonto leergeräumt ist und sich Ihr gesamtes Geld in der Versicherung befindet. Dort »arbeitet« Ihr Geld weitere sieben Jahre für Sie, und danach, wenn also insgesamt zwölf Jahre um sind, können Sie die gesamte Summe

steuerfrei kassieren. Zwölf Jahre sind die Mindestlaufzeit, Sie können Ihr Geld natürlich auch länger
anlegen, z. B. bis zum Rentenalter. Nach zwölf Jahren
hat sich die eingezahlte Summe in der Regel verdop-
pelt. In unserem Beispiel also sind aus 50 000 DM
über 100 000 DM geworden.

Für alle Lebensversicherungen gilt:
Ertrag: bei guten Versicherungsgesellschaften zwischen 6 und 7 %, die steuerfrei sind. Eine andere, voll
steuerpflichtige Geldanlage müßte zwischen 10 und
14 % erbringen, wenn Sie den gleichen Ertrag erreichen wollen.
Risiko: Bei deutschen Versicherungsgesellschaften
gering; die berechneten Ergebnisse sind allerdings nur
zum Teil garantiert.
Liquidität: nicht gegeben. Auflösung vor Ablauf ist
zwar de facto möglich, aber immer mit Verlust verbunden.
Steuer: Alle Erträge bleiben steuerfrei, wenn die Min-
destanforderungen (siehe oben) erfüllt sind.
Geeignet für: Anleger/innen, die den Freibetrag
für Kapitalerträge schon ausgeschöpft haben; für
Freiberufler/innen und Selbständige, die noch Vorsorgeaufwendungen geltend machen können.
Mein Rat: Bei aller sicherlich berechtigten Kritik an
der mangelnden Transparenz und der Geschäftspoli-

tik von Versicherungsgesellschaften führt an guten Produkten dieser Branche kein Weg vorbei, wenn Ihr Ziel die langfristige Vermögensbildung und Altersvorsorge ist. Die Steuerfreiheit der Erträge und die hohe Sicherheit bei alteingesessenen großen Versicherungsgesellschaften bieten einen großen Vorteil gegenüber anderen Sparformen. Lebens- und Rentenversicherungen sollten deshalb die Basis jeder Vermögensplanung bilden. Allerdings kommt es, wie bei fast allen Geldanlagen, auch hier auf die richtige Gestaltung an.

• Wählen Sie einen Beitrag, den Sie sich nach menschlichem Ermessen auch in schwierigeren Zeiten leisten können.

• Zahlen Sie Ihren Beitrag jährlich, wenn es möglich ist. Die monatliche Zahlweise ist für die Versicherungsgesellschaft aufwendiger, deshalb verlangt sie dafür einen Zuschlag. Jährliche Zahlung wirkt sich also günstiger aus.

• Verzichten Sie auf eine Dynamisierung der Beiträge. Die jährliche Beitragserhöhung wird von der Versicherungsgesellschaft wie ein kleiner Neuabschluß behandelt. Es fallen dadurch also immer wieder Kosten an. Dazu kommt, daß für diesen »kleinen Neuabschluß« Ihr jeweils höheres Lebensalter zugrunde gelegt wird. Bei langer Laufzeit schmälert die Dynamik also Ihre Rendite.

• Schließen Sie in Ihren Kapital-Lebensversicherungs-vertrag keine »Verdoppelung der Todesfallsumme bei Unfalltod« ein. Diese schmälert die Auszahlung an Sie deutlich, dafür erhalten Ihre Erben eine hohe Summe, wenn Sie durch einen Unfall sterben. Ihre Angehörigen sind durch die ohnehin eingeschlossene Risiko-Lebensversicherung abgesichert.

• Schließen Sie keine Kapital-Lebensversicherung ab, wenn sie älter als 45 Jahre sind. Mit zunehmendem Lebensalter steigt der Risikobeitrag, also der Teil Ihres Versicherungsbeitrags, der für den Todesfallschutz zurückgelegt wird. Dadurch verringert sich der Teil Ihres Beitrags, der verzinslich angelegt werden kann.

• Kündigen Sie Ihren Versicherungsvertrag nicht, wenn Sie einen finanziellen Engpaß haben. Eine Kündigung bringt in der Regel Verlust. Sie ist deshalb der schlechteste Weg. Sie können statt dessen den Beitrag reduzieren, die Beitragszahlung zwei Jahre stunden lassen oder, wenn es gar nicht mehr geht, den Vertrag beitragsfrei stellen.

Ökologisch-ethische Geldanlagen

Einen großen Stellenwert hatten Anlagen dieser Art bisher nicht in Deutschland. Das beginnt sich zu ändern. Immer mehr Anleger/innen möchten wissen, wie ihr Geld arbeitet, wollen nicht mehr mit ihrem Kapital Gentechnik, Atomkraftwerke oder Rüstungsgeschäfte unterstützen. Dazu kommt, daß ökologische Geldanlagen keine Renditelangweiler mehr sind. In den letzten Jahren waren beispielsweise sogenannte Öko-Aktienfonds deutlich ertragreicher als »normale« Fonds mit Aktien.

Auch die weiteren Aussichten sind positiv. Öko-Analysten setzen darauf, daß Unternehmen, die ökologisch und sozial verantwortlich handeln, auf längere Sicht Kosten sparen und sich Marktvorteile sichern. Im Bereich der erneuerbaren Energien bergen der Ausstieg aus der Kernenergie, der weltweit steigende Energiebedarf und die in vielen Ländern stark forcierte staatliche Förderung alternativer Energiequellen ein hohes Wachstumspotential.

Das sind die wichtigsten Möglichkeiten, Ihr Geld mit gutem Gewissen arbeiten zu lassen:

Windparkfonds

Hier beteiligen Sie sich praktisch als Mitunternehmer/in an der Errichtung und dem Betrieb einer Windkraftanlage. Sie erhalten hohe Ausschüttungen, und Sie haben – in Ihrer Eigenschaft als Unternehmer/in – die Möglichkeit, über eine Verlustzuweisung in den ersten Betriebsjahren Ihre Steuerlast zu mindern.

Öko-Aktien

Damit kaufen Sie Aktien von z. B. Solarzellenherstellern, Windkraftunternehmen, Brennstoffzellen-Anbietern. Wie immer bei einer Anlage in Einzelaktien ist auch hier das Risiko besonders groß. Sie investieren ja damit in kleinere, meist noch recht junge Unternehmen. Sie müssen also bei solchen Investitionen mit starken Kursschwankungen rechnen.

Öko-Investmentfonds

Wie bei allen Fonds verringert sich das Risiko durch die Streuung auf viele Aktien aus verschiedenen Branchen und Ländern. Unter der Bezeichnung »Öko« gibt es sehr unterschiedliche Fonds. Nicht alle diese Fonds haben strenge ökologische Anlagerichtlinien. Wichtig ist also, sich vor einer Anlage genau anzuschauen, welche ökologisch-ethischen Kriterien ein Fonds tatsächlich hat und wie er das Anleger/innen-Geld investiert. Denn – nicht überall ist »Öko« drin, wo »Öko« drauf steht.

Rentenfonds

Rentenfonds, also Investmentfonds mit festverzinslichen Wertpapieren, werden ausführlich unter »Fonds« besprochen (S. 45–48).

Sparbriefe

Über Sparbriefe verschaffen sich Banken und Sparkassen Geld, das sie dann weiterverleihen. Sparbriefe bieten fast alle Banken an, teilweise in recht unterschiedlicher Gestaltung. Der Zinssatz liegt in der Regel unter dem für festverzinsliche Wertpapiere, ist aber ebenfalls für die gesamte Laufzeit garantiert. Die Laufzeiten liegen zwischen vier und acht Jahren. Während dieser Laufzeit kann ein Sparbrief nicht verkauft werden.

Folgende Sparbriefarten spielen eine Rolle: der klassische Sparbrief und der abgezinste Sparbrief. Der klassische Sparbrief wird zum Nennwert, das sind meistens 100 DM, verkauft. Die Zinsen werden jährlich ausgezahlt. Der abgezinste Sparbrief ähnelt dem Zerobond, d.h. der Kaufpreis liegt unter dem Nennwert. Zins und Zinseszins fließen am Ende der Laufzeit in einer Summe zu, es gibt keine jährliche Zinszahlung.

Ertrag: dem Marktzins entsprechend.

Risiko: keines.

Liquidität: nicht gegeben, Sparbriefe können vor Ablauf nicht verkauft werden.

Verwaltbarkeit: kein Problem.

Steuern: Die Zinsen müssen versteuert werden. Die Zinsen beim abgezinsten Sparbrief fallen im letzten

Jahr an und müssen dort auf einmal versteuert werden.

Geeignet für: Anleger/innen, die ihr Geld zu festen Zinsen für eine bestimmte Zeit festlegen wollen und während der Laufzeit nicht darüber verfügen müssen.

Mein Rat: Ich sehe keinen rechten Grund für den Kauf von Sparbriefen. Die Unverkäuflichkeit während der Laufzeit macht sie zu einer sehr starren Geldanlage. Bundesschatzbriefe haben etwa die gleiche Rendite, sind aber wesentlich flexibler zu handhaben. Ich empfehle Sparbriefe nur dann, wenn deren Zinsen deutlich über denen von Bundesschatzbriefen liegen.

Sparbuch

Das Sparbuch mit gesetzlicher Kündigungsfrist ist nach wie vor die beliebteste Geldanlage der bundesdeutschen Bevölkerung. Über 80 % der Deutschen besitzen ein Sparbuch, und mehr als 43 % der Frauen betrachten das Sparbuch als sinnvolle Geldanlage für die Altersversorgung!

Auf ein Sparbuch können Sie beliebige Beträge einzahlen. Die vereinbarte Kündigungsfrist ist ein Vierteljahr. Ohne Kündigung können Sie monatlich 3000 DM abheben.

Ertrag: mager.

Risiko: keines.

Liquidität: 3000 DM pro Monat können abgehoben werden, für größere Beträge verlangt die Bank »Vorschußzinsen«.

Verwaltbarkeit: bequem.

Steuern: Zinsen müssen versteuert werden.

Geeignet für: Anleger/innen, die kleine Beträge ansammeln und in relativ kurzer Zeit darüber verfügen möchten.

Mein Rat: Als »Goldesel der Banken« wird das Sparbuch gern bezeichnet, ist es doch für Banken die für sie günstigste Möglichkeit der Geldbeschaffung. 1,5 % zahlen Ihnen die Banken für Ihr Guthaben (Stand Januar 2000). Wenn Sie Ihr Girokonto überziehen, zahlen Sie dagegen an die Bank ca. 10 %. Mit einem größeren Guthaben auf Sparbüchern machen Sie also ausschließlich der Bank eine Freude, Sie selbst zahlen kräftig drauf: Wenn Ihre Zinserträge über dem Freibetrag liegen, müssen Sie die Zinsen voll versteuern. Außerdem »nagt« auch noch die Geldentwertung mit durchschnittlich jährlich 3 % an Ihrem Kapital. Das traditionelle Sparbuch ist also auf jeden Fall ein Verlustgeschäft.

Noch vor kurzem empfahl eine Bankerin in einem Vortrag, drei Monatsgehälter als eiserne Reserve auf einem Sparbuch zu hinterlegen. Ich halte dies für absolut unnötig: Für Beträge ab 3000 DM gibt es bei einigen Banken höhere Zinsen. Ab 10 000 DM können Sie bei jeder Bank ein Festgeldkonto mit vierwöchiger Kündigungsfrist einrichten.

Außerdem bieten einige Banken gut verzinste Tagesgeldkonten an, bei denen Sie also das Geld jederzeit, ohne Kündigungsfrist, abrufen können.

Sparpläne

Bonussparen, Kapitalzuwachssparen, Sparen mit Doppelbonus, Zinsplussparen – mehr als verwirrend ist die Vielfalt der von Banken angebotenen Sparpläne. Die oft reißerische Werbung suggeriert mit »hochprozentigen« Angaben, daß es sich dabei um eine sehr rentable Geldanlage handelt. Dies ist in der Regel nicht der Fall. Die hohen Bonusversprechungen verschleiern, daß es für das angesparte Geld nur bescheidene Zinsen gibt, die meist nicht über dem Sparbuchzins liegen. Die Verzinsung ist außerdem variabel. Wenn also die Zinsen sinken, werden auch Ihre Sparplanzinsen sehr schnell nach unten angepaßt. Die Anpassung nach oben, wenn die Zinsen steigen, dauert dagegen fast immer länger! Außerdem müssen Sie meist die gesamte Laufzeit einhalten, sonst geht Ihnen der Bonus verloren.

Ein Vorteil ist, daß Sie auch Minibeträge ansparen können. Das Prinzip ist trotz unterschiedlicher Bezeichnung bei allen Sparplänen das gleiche: Sie zahlen für einen bestimmten Zeitraum (zwischen 3 und 25 Jahren) einen gleichbleibenden monatlichen Betrag ein. Am Ende der Laufzeit erhalten Sie Ihr Geld mit Zins und Zinseszins und einem Bonus zurück.

Ertrag: je nach Zinssituation zwischen 3 und 5 %.

Risiko: keines.

Liquidität: unterschiedlich, bei vorzeitiger Kündigung geht meist der Bonus verloren.

Verwaltbarkeit: problemlos.

Steuern: Zinsen müssen versteuert werden.

Geeignet für: Anleger/innen, die nur kleine Beträge ansammeln möchten.

Mein Rat: Wenn Sie einen Banksparplan abschließen möchten, sollten Sie bei verschiedenen Banken Angebote einholen. Lassen Sie sich unbedingt ausrechnen, wie hoch Ihr Endkapital mit einer bestimmten Monatsrate nach einer bestimmten Laufzeit sein wird. Nur so können Sie die Angebote miteinander vergleichen.

Bei höheren monatlichen Raten sollten Sie Investmentfonds-Sparpläne in Erwägung ziehen. Sie haben damit Chancen auf höhere Erträge. Außerdem sind Investment-Sparpläne wesentlich flexibler. Sie können jederzeit kündigen; Sie können auch die Höhe der Einzahlungen verändern oder mit den Zahlungen aussetzen.

Eine weitere Möglichkeit ist, die Sparbeträge auf einem Sparbuch anzusammeln und dann in Bundesschatzbriefen anzulegen, die es ab 100 DM pro Stück gibt.

Vermögen planen

Geldanlage wird in den meisten Fällen nicht systematisch betrieben. In der Regel verfügen Anleger/innen über eine willkürlich entstandene Mischung verschiedener Anlageformen. Eine Streuung nach inhaltlichen oder zeitlichen Gesichtspunkten wird nicht vorgenommen. Die Fälligkeiten sind nicht aufeinander abgestimmt, was zur Folge hat, daß die jeweils frei werdenden kleineren Beträge wieder in eine Zufallsgeldanlage gesteckt werden usw., usw.

Ob Sie ein Abendessen planen, einen Hausbau oder eine Geldanlage, in jedem Fall müssen Sie erst klären, welche Voraussetzungen Sie dafür haben, was Sie erreichen möchten und auf welchem Weg Sie zum Ziel kommen. Wenn Ihre finanzielle Planung erfolgreich werden soll, brauchen Sie also

• eine Bestandsaufnahme Ihres Vermögens,
• eine Klärung Ihrer Ziele und Wünsche,
• ein Anlagekonzept.

Bestandsaufnahme

Ein Kassensturz bringt es ans Licht: Haben Sie mit Ihrem Pfund bisher gut gewirtschaftet? Oder waren

Bestandsaufnahme Auflistung Ihrer vorhandenen Geldanlagen	Anlagesumme	Fälligkeit
Sparbuch		
Sparplan		
Festgeld		
festverzinsliche Wertpapiere, Sparbriefe Aktien		
Investmentfonds mit Aktien mit festverzinslichen Wertpapieren mit Immobilien		
Immobilien		
Steuersparanlagen		
Bausparverträge		
vermögenswirksame Leistungen angelegt in		
Kapital-Lebensversicherung		
private Rentenversicherung		
anderes		

Sie zu ängstlich und haben deshalb nur magere Renditen erzielt? Sind Ihre Geldanlagen gut strukturiert oder eher ein Sammelsurium aller möglichen Zufallsanlagen? Ist Ihr Geld recht einseitig angelegt, z. B. nur in Bundesschatzbriefen oder Rentenfonds? Sind steuerliche Dinge berücksichtigt? Das alles und noch mehr sehen Sie, wenn Sie »Kasse machen«. Vor allem aber wird bei einem Kassensturz deutlich, ob Ihre Absicherung im Alter ausreichend ist oder nicht.

Ziele und Wünsche

Wichtig ist, daß Sie sich darüber klarwerden, was Sie in Ihrem Leben kurz-, mittel- und langfristig wirtschaftlich erreichen möchten, wann Sie es erreichen wollen und wieviel Sie dafür einsetzen können und wollen.

Wichtige grundsätzliche Geldanlage-Ziele sind:

• die Substanz des Geldes auf Dauer zu erhalten,

• den Wert der Geldanlage nach Möglichkeit zu erhöhen,

• Steuern zu sparen.

Persönliche Geldanlage-Ziele können sein:

• finanzielle Unabhängigkeit,

• wirtschaftlich abgesichertes Leben im Alter,

- eine Immobilie zur Selbstnutzung oder als Kapitalanlage,
- eine Zusatzausbildung,
- Existenzgründung,
- Ausbildung der Kinder,
- ein Feriendomizil,
- Wohnungseinrichtung,
- eine große Reise.

Je konkreter Sie diese Ziele benennen können, desto besser für Sie. Vorstellungen wie »Ich will einmal Millionär/in sein« sind keine Ziele, sondern Träume.

Ein Anlagekonzept

Die »richtige« Geldanlage für alle gibt es nicht. Welche Geldanlage für Sie richtig ist, hängt ab vom schon vorhandenen Vermögen, von Ihrer steuerlichen Situation und natürlich auch von Ihrer finanziellen Lebensplanung. Vermögensplanung muß sich an den individuellen Lebenszielen ausrichten und nicht umgekehrt.

Es ist schwer geworden, auf lange Sicht die Substanz des Vermögens zu erhalten. Die Auswirkungen der Geldentwertung werden allgemein unterschätzt. Hier nur ein Beispiel: Bei einer 3%igen Inflationsrate pro Jahr haben 100 000 DM nach zehn Jahren nur noch

74 409 DM Kaufkraft. Das heißt: Sie haben zwar nach wie vor 100 000 DM, können sich aber nur noch für 74 409 DM etwas dafür kaufen.

Aber nicht nur die Geldentwertung »nagt« an Ihrem Vermögen, auch die Steuern mindern Ihren Ertrag. Seit dem 1.1.2000 ist der Freibetrag für Kapitalerträge halbiert. Er beträgt pro Person nur noch 3100 DM (Verheiratete 6200 DM). Sehen Sie in der nachfolgenden Tabelle, wie schnell dieser Betrag ausgeschöpft ist. Außerordentlich wichtig ist deshalb, bei der Geldanlage auch steuerliche Gesichtspunkte zu berücksichtigen. Bei geschickter Ausnutzung aller legalen Möglichkeiten können Sie auch die Erträge aus größeren Vermögen weitgehend steuerfrei halten.

So viel Geld können Sie anlegen, ohne Kapitalertragssteuer auf die Zinsen zahlen zu müssen:

Zinssatz in %	steuerfreier Anlagebetrag	
	Ledige	Ehepaare
2 %	155 000	310 000
3 %	103 333	206 666
4 %	77 500	155 000
5 %	62 000	124 000
6 %	51 666	103 333
7 %	44 285	88 571

Setzen Sie nicht alles auf ein Pferd. Mit einer sinnvollen Streuung erhöhen Sie Ihre Chancen und vermindern Sie Ihr Risiko. Von einer starren Aufteilung: 30 % Immobilienfonds, 30 % Aktien, 40 % festverzinsliche Wertpapiere halte ich allerdings wenig. Sie ist zu schematisch und kann deshalb nicht den individuellen Bedürfnissen gerecht werden.

Für alle Vermögensanlagen, gleich welcher Größenordnung, gilt die zeitliche Streuung in kurzfristige, mittelfristige und langfristige Geldanlagen.

Kurzfristig angelegte Gelder sichern die jederzeitige Verfügbarkeit des Kapitals und verhindern, daß Sie beispielsweise für Anschaffungen einen teuren Kredit aufnehmen müssen. Gemeint sind damit Sparbuch, Festgeld, Geldmarktfonds oder auch höher verzinste Tagesgeldkonten, wie sie einige Banken anbieten. Wichtig: Geld für kurzfristige Ziele darf niemals in riskantere Anlagen investiert werden.

Mittelfristig angelegtes Geld kann den sich verändernden Bedürfnissen über einen Zeitraum von vier, fünf oder auch sechs Jahren Rechnung tragen. Investieren sollten Sie hier in festverzinsliche Wertpapiere, gemischte Fonds mit einem maximalen Aktienanteil von 50 %, Garantiefonds oder offene Immobilienfonds. Bedenken Sie, wenn Sie in festverzinsliche Wertpapiere investieren, daß sich Ihr Vermögen nicht vermehren kann, wenn Sie die Zinsen daraus nicht regelmäßig wieder anlegen, sondern verbrauchen. Wenn Sie hier nicht sehr diszipliniert sind, sollten Sie statt dessen lieber die oben erwähnten Fonds wählen, bei denen die Erträge automatisch wieder angelegt werden.

Die *langfristigen* Geldanlagen sichern Ihr Vermögen. Sie sollen die Substanz erhalten und vermehren. Sie dienen auch der Altersvorsorge. Mit langfristigen Geldanlagen sind in der Regel über Wertzuwachs, Steuersparmöglichkeiten oder Kursgewinne höhere Erträge zu erzielen. Langfristige Geldanlagen sind häufig Sachwerte wie Immobilien, geschlossene Immobilienfonds, bei denen Sie mit steigenden Erträgen und Wertzuwachs rechnen können; aber auch Aktien und Aktienfonds, mit denen sich Ihnen Chancen auf höhere Gewinne eröffnen. Ebenso gehören dazu Kapital-Lebensversicherungen und private Rentenversicherungen, die wegen der Steuerfreiheit der Erträge eine lukrative Anlage sein können.

Welche Beträge Sie in der jeweiligen Kategorie anlegen, hängt von Ihren individuellen Zielen und Wünschen ab und natürlich auch von Ihrer Risikobereitschaft. Der Begriff Streuung darf aber nicht zu weit gefaßt werden. Eine Fülle verschiedenartigster Geldanlagen macht das Vermögen unübersichtlich.

Ein weiteres, nicht unwesentliches Kriterium bei der Geldanlage ist die Verwaltbarkeit. Beruflich stark engagierte Menschen haben in der Regel weder Zeit noch Lust, sich täglich mit ihrer Geldanlage auseinanderzusetzen.

Außerdem sollten Sie berücksichtigen, daß nicht alle Geldanlagen in allen Lebensphasen einen Sinn ergeben.

Fazit: Nur eine auf die individuelle Situation, die Ziele und Wünsche des Anlegers / der Anlegerin abgestimmte und das Risiko verteilende, also sinnvoll gestreute Geldanlage ist langfristig erfolgreich.

Ein Monatsbudget

Wenn Ihre Ausgaben regelmäßig höher sind als Ihre Einnahmen, sollten Sie ernsthaft überprüfen, woran das liegen kann. So banal es klingt: Um zu Geld zu kommen, gibt es nur zwei Wege – mehr verdienen oder weniger ausgeben. Wenn Sie das »Bermuda-Dreieck« in Ihren Finanzen finden wollen, kommen Sie um einen Haushaltsplan, ein Monatsbudget, nicht herum. Sie haben keine Zeit? Denken Sie an Ihre Ziele. So viel Zeit müssen Sie gar nicht aufwenden. Zwei Stunden im Monat reichen, um Ihre Ausgaben und Einnahmen transparent zu machen.

Benutzen Sie das nachfolgende Schema, oder entwerfen Sie Ihr eigenes. Wichtig ist, daß Sie auf der Suche

Monatsbudget

Einnahmen:

laufendes monatl. Einkommen netto _____

Nebenverdienste _____

Zinsen _____

Mieteinnahmen _____

Sonstiges _____

Summe der Einnahmen _____

Ausgaben:

fixe Kosten, z. B.

Miete _____

Strom _____

Telefon _____

Versicherungen _____

Auto / öffentliche Verkehrsmittel _____

Summe der fixen Kosten _____

variable Kosten, z. B.

Restaurantbesuche _____

Kleidung _____

Essen, Trinken _____

Kosmetik _____

Freizeit, Kultur _____

Urlaub _____

Summe der variablen Kosten _____

Ausgaben gesamt _____

Differenz aus Einnahmen – Ausgaben _____

nach dem »verlorenen Geld« nicht zu pingelig vorgehen. Sonst verlieren Sie die Lust dazu. Nicht jeder ausgegebene Pfennig ist von Bedeutung, sondern ausschließlich die größeren Posten.

Nicht ändern können Sie in der Regel Ihre festen Kosten. Trotzdem lohnt auch hier die Durchsicht: Lassen sich die Telefonkosten reduzieren? Sind Sie nicht auch mit einem kleineren Fahrzeug glücklich? Vielleicht verzichten Sie auch eine Weile ganz aufs Auto. Ein Mittelklassewagen kostet inklusive Wertverlust pro Monat ca. 600 DM! Selbst wenn Sie ab und zu Taxi fahren, ist das noch viel billiger, als ein Fahrzeug zu halten. Durchforsten Sie Ihre Versicherungen. Brauchen Sie wirklich eine Glasversicherung oder eine Rechtsschutzversicherung?

Wirklich fündig werden Sie vermutlich bei den variablen Ausgaben. Restaurantbesuche beispielsweise gehen ganz schön ins Geld. Oder auch die Ausgaben für Kleidung, Kosmetik, Sport und Fitneß. Auf der Jagd nach Ihrem Geld fällt Ihnen sicherlich noch einiges dazu ein.

Wenn Ihnen jetzt angst und bange wird: Nein, Sie müssen nicht auf alles verzichten, was Spaß macht! Und Sie müssen auch nicht in Sack und Asche gehen. Aber denken Sie daran: Auch ein ausgeglichenes Konto und ein finanzielles Polster machen Freude. Wenn Sie z. B. durch Ihre Sparaktion monatlich 300 DM übrig haben, dann könnten Sie diese 300 DM in einen Aktienfonds investieren. Klassische, international anlegende Aktienfonds haben in den vergangenen 20 Jahren eine Rendite von durchschnittlich 10 % pro Jahr erbracht. Sie hätten also nach zehn Jahren rund 60 000 DM zur Verfügung.

Ganz gleich, wieviel Sie monatlich sparen können, wichtig ist, daß Sie es regelmäßig tun.

Wenn Sie in Zukunft nicht nur beruflich, sondern auch wirtschaftlich erfolgreich sein wollen, müssen Sie planen. Deshalb gilt alles, was auf den vorhergehenden Seiten gesagt wurde, auch in Ihrem Fall: Machen Sie unbedingt eine Bestandsaufnahme, überlegen Sie sich Ihre kurz-, mittel- und langfristigen Ziele, entwerfen Sie ein Anlagekonzept, oder lassen Sie sich professionell dabei helfen.

Welche Geldanlagen Sie in verschiedenen Lebensabschnitten bevorzugen sollten

Einige Geldanlagen sind in bestimmten Lebensphasen geeigneter als andere: Wenn Sie gerade Ihre Ausbildung oder Ihr Studium beendet haben, brauchen Sie eine andere Anlagestrategie als ein/e Rentner/in. Eine Frau, die ihre Berufstätigkeit unterbricht, um

Kinder zu erziehen, hat andere Bedürfnisse als die Frau auf der Karriereleiter. Neben den Grundprinzipien der Geldanlage können Sie sich an folgendem orientieren:

Der Start in den Beruf

Bevor Sie an die Vermögensbildung denken, müssen Sie eine Summe für Notfälle zurücklegen. Solch eine Liquiditätsreserve sollte mindestens ein Monatsgehalt betragen. Dieses Geld ist auf einem *Sparbuch* oder einem *Geldmarktfonds* gut untergebracht. Einige kleinere Banken bieten auch Girokonten an, bei denen das Guthaben verzinst wird. Diese Reserve verhindert, daß Sie einen teuren Dispokredit in Anspruch nehmen müssen, wenn Sie unvorhergesehene Ausgaben haben. Ein Rechenbeispiel: Wenn Sie einen Dispokredit über 3500 DM mit sich herumschleppen und 12 % Zinsen dafür bezahlen, kostet Sie dieser Kredit in fünf Jahren 1800 DM Zinsen!

Erhalten Sie von Ihrem Arbeitgeber vermögenswirksame Leistungen? Dann investieren Sie dieses Geld am besten in einen soliden *Aktienfonds*. Sieben Jahre muß so ein Sparvertrag laufen, dann können Sie über Ihr Geld verfügen.

Für vermögenswirksame Sparverträge gibt es unter bestimmten Umständen auch staatliche Hilfe, und zwar erhalten Sie folgende Zulagen:

• 10 % Sparzulage auf Bausparverträge für Einzahlungen bis zu 936 DM pro Jahr,

• 20 % Sparzulage (in den neuen Bundesländern 25 %) auf Aktienfonds für Einzahlungen von bis zu 800 DM pro Jahr.

Voraussetzung ist, daß Sie als Alleinstehende/r nicht mehr als 35 000 DM zu versteuerndes Einkommen pro Jahr haben (Verheiratete 70 000 DM). Es gibt aber noch mehr Hilfe vom Staat:

• die 10%ige Wohnungsbauprämie bei Bausparverträgen. Wenn Sie als Alleinstehende/r 1000 DM im Jahr (Verheiratete 2000 DM) auf einen Bausparvertrag einzahlen und mindestens sieben Jahre dabei bleiben, erhalten Sie 10 % Ihrer Einzahlung als Wohnungsbauprämie vom Staat geschenkt (Verheiratete jeweils das Doppelte).

Die Wohnungsbauprämie erhalten Sie nicht für die vermögenswirksamen Leistungen, für die es die Sparzulage gibt, sondern nur für zusätzlich eingezahltes Geld. Um die Wohnungsbauprämie zu erhalten, dürfen Sie 50 000 DM zu versteuerndes Einkommen im Jahr haben (Verheiratete 100 000 DM).

Die ersten Berufsjahre

Das Wichtigste in den ersten Berufsjahren: die Arbeitskraft absichern. Dies geschieht am besten mit einer *Berufsunfähigkeitsversicherung*. Die Versicherung zahlt Ihnen eine monatliche Rente, wenn Sie – zum Beispiel wegen einer schweren Krankheit – nicht mehr fähig sind, Ihren Beruf auszuüben. Der Schutz durch eine Berufsunfähigkeitsversicherung ist umfassender als durch eine Unfallversicherung.

Auch in den ersten Berufsjahren ist natürlich ein finanzielles Polster für Notfälle und Extraausgaben wichtig. Ich empfehle, zwei Nettogehälter auf einem *Sparbuch*, einem *Festgeldkonto* oder einem *Geldmarktfonds* zu parken.

Die nächsten Tausender können Sie dann – je nach Risikoneigung – zur mittelfristigen Anlage in *Bundesschatzbriefe*, *offene Immobilienfonds* oder *gemischte Fonds* investieren.

Wenn es finanziell nur irgendwie möglich ist, sollten Sie auch jetzt schon die längerfristige Vermögensplanung im Auge haben. Eine *Kapital-Lebensversicherung* gehört zu den wichtigen Basisanlagen. Je früher Sie damit anfangen, desto weniger Geld müssen Sie für den monatlichen Beitrag aufwenden.

Eine interessante Alternative zu Kapital-Lebensversicherungen sind Sparpläne bei *Aktienfonds* und *internationalen Rentenfonds*. Die höheren Risiken bei diesen Anlageformen können Sie dann tragen, wenn eine längere Laufzeit zur Verfügung steht und Sie das Geld nicht zu einem bestimmten Zeitpunkt brauchen. Über lange Zeiträume haben Aktien und Aktienfonds in den vergangenen Jahrzehnten sehr gute Ergebnisse gebracht. Fondssparpläne sind flexibel; Sie können monatlich sparen, aber auch einmalige zusätzliche Einzahlungen leisten oder, wenn Sie gerade einen finanziellen Engpaß haben, die Einzahlungen ruhen lassen.

In dieser Lebensphase lohnt sich ein *Bausparvertrag*, wenn das zu versteuernde Einkommen pro Jahr 50 000 DM bei Unverheirateten und 100 000 DM bei Verheirateten nicht überschreitet. Nur dann erhalten Sie die Wohnungsbauprämie von 10 % auf Ihre jährliche Spareinlage. Dazu reichen aber eine Vertragssumme von 15 000 DM und eine jährliche Einzahlung von 1000 DM bzw. 2000 DM. Als Geldanlage sind Bausparverträge nicht geeignet. Sie sind mit hohen Kosten belastet und bringen für das Guthaben kaum mehr als der Sparbuchzins.

Weniger geeignet sind u. a. *festverzinsliche Wertpapiere*, weil Sie hier jährliche Zinsauszahlungen haben und die Wahrscheinlichkeit hoch ist, daß Sie die Zinsen nicht gleich wieder anlegen, sondern verbrauchen. Ihr Geld vermehrt sich aber nur, wenn die Zinsen über längere Zeiträume regelmäßig wieder angelegt werden.

Auch *Immobilien* sind weniger geeignet, weil in der Regel in jungen Jahren die Grundvoraussetzungen für einen Immobilienerwerb noch nicht erfüllt sind: ein finanzielles Polster, ein gutes und regelmäßiges Einkommen und ein sicherer Arbeitsplatz. Ohne diese Grundvoraussetzungen ist ein Immobilienerwerb zu riskant. Bedenken Sie außerdem, daß Immobilien, wie der Name schon sagt, immobil machen. In dieser Lebensphase aber ist berufliche und persönliche Mobilität sehr wichtig.

In der Familienpause

In dieser Lebensphase fehlt vielen Frauen das eigene Einkommen, für vorher Berufstätige ist das nicht so leicht zu verkraften. Einige mir bekannte Ehepaare lösen das Problem, indem das Familieneinkommen geteilt und auf das jeweilige Konto überwiesen wird. Frau und Mann tragen dann gemeinsam alle anfallenden Kosten je zur Hälfte. Der Rest ist für beide zur freien Verfügung. Ich halte das für eine praktikable und partnerschaftliche Lösung. Sie erspart dem nicht Erwerbstätigen der Eltern das »Bitten um Geld«, das unwürdige Gefühl, kein eigenes Geld zu besitzen.
Wichtig ist natürlich auch in dieser Lebensphase eine ausreichende Liquiditätsreserve. Im Vordergrund sollte nun aber auf jeden Fall die Absicherung der Familie gegen existentielle Risiken stehen. Eine *Risiko-Lebensversicherung* gekoppelt mit einer *Berufs-unfähigkeitsversicherung* für den Hauptverdiener bzw. die Hauptverdienerin ist dringend zu empfehlen.

Können Sie darüber hinaus noch mehr sparen, empfehle ich Ihnen, dieses Geld über einen Sparplan in einen *Aktienfonds* zu investieren.

Und wenn Sie während Ihrer Berufstätigkeit schon eine Lebensversicherung oder einen Fondssparplan abgeschlossen haben, dann sollten Sie diese jetzt nicht stillegen oder gar kündigen, sondern in jedem Fall weiterführen. Sehr viele Frauen, die beruflich pausieren, lösen schon vorhandene Sparpläne auf, weil sie kein eigenes Geld mehr verdienen. Wenn Sie sich in Übereinkunft mit Ihrem Partner dem gemeinsamen Kind widmen, nehmen Sie erhebliche berufliche und wirtschaftliche Nachteile in Kauf. Deshalb sollen, ja müssen Ihre Lebensversicherung, Ihr Fondssparplan aus dem Familieneinkommen weitergezahlt werden.

Unbedingt notwendig ist für alle, die beruflich pausieren, eine *private Rentenversicherung* zum Aufbau einer eigenständigen Altersvorsorge. Wenn Sie noch jung sind und einen entsprechend langen Anlagezeitraum zur Verfügung haben, brauchen Sie dafür nur einen relativ geringen Betrag anzusetzen. Ein/e 30jährige/r kann z. B. mit einem Monatsbeitrag von 100 DM bis zum 65. Lebensjahr folgendes erreichen:

• entweder eine lebenslange monatliche Rente von ca. 1000 DM

• oder eine einmalige steuerfreie Kapitalauszahlung von ca. 160 000 DM.

So entwickelt sich Ihr Guthaben bei unterschiedlichen Zinssätzen, wenn Sie monatlich 100 DM sparen:

	6 % auf DM	7 % auf DM	8 % auf DM
in 1 Jahr	1239	1245	1251
in 2 Jahren	2552	2577	2603
in 3 Jahren	3943	4003	4063
in 4 Jahren	5419	5528	5639
in 5 Jahren	6982	7160	7342
in 10 Jahren	16326	17203	18129
in 15 Jahren	28831	31288	33980
in 20 Jahren	45565	51043	57270
in 30 Jahren	97926	117612	141770

So wächst ein Betrag von 10000 DM bei unterschiedlicher Verzinsung

	6 % auf DM	7 % auf DM	8 % auf DM
in 1 Jahr	10600	10700	10800
in 2 Jahren	11236	11449	11664
in 3 Jahren	11910	12250	12597
in 4 Jahren	12625	13108	13605
in 5 Jahren	13382	14026	14693
in 10 Jahren	17908	19672	21589
in 15 Jahren	23966	27590	31722
in 20 Jahren	32071	38697	46610
in 30 Jahren	57435	76123	100627

Das selbstgenutzte Haus, die selbstgenutzte Wohnung sind für Familien mit Kindern sehr erstrebenswert und in dieser Lebensphase sicherlich eine der lohnendsten Investitionen überhaupt. Allerdings müssen Sie hierfür über doch beträchtliches Eigenkapital verfügen, wenn die Schuldenlast Sie nicht erdrücken soll.

Nicht geeignet sind *festverzinsliche Wertpapiere, geschlossene Immobilienfonds, vermietete Eigentumswohnungen.*

Auf der Karriereleiter

Wichtig, wie in jeder Lebensphase, sind kurzfristig verfügbare Gelder auf *Festgeldkonten* oder in einem *Geldmarktfonds.* Ein mittelfristiges Finanzpolster könnte aus *festverzinslichen Wertpapieren* bestehen. Investieren Sie hier aber nur so viel von Ihrem Kapital, daß die Zinserträge den Freibetrag von 3100 DM nicht übersteigen. Die jährlichen Zinszahlungen sollten Sie konsequent in einen Aktienfonds einzahlen.

Mit dem höheren Einkommen steigt auch die Steuerlast. Deshalb können Sie nun auch steuersparende Geldanlagen planen. Sehr interessant ist eine *Kapital-Lebensversicherung* in Form der *Direktversicherung*, eine der lohnendsten Anlageformen. Dabei überweist der Arbeitgeber aus dem Bruttoeinkommen den Versicherungsbeitrag. Versteuert wird dann nur das um diesen Beitrag niedrigere Einkommen. Wichtig: Nicht alle Arbeitgeber sind dazu bereit!

Ist ein finanzielles Polster vorhanden, der Arbeitsplatz

sicher und das Einkommen entsprechend hoch, sollten Sie eine Neubau-Eigentumswohnung kaufen und diese vermieten. Nur über *vermietete Immobilien* lassen sich nennenswert Steuern sparen.

Wenn Sie dann noch Geld zur Verfügung haben, bauen Sie am besten Ihren Bestand an *Aktienfonds* aus. In die meisten Fonds können Sie ab einem Betrag von 5000 DM investieren. Global anlegende, breit gestreute Aktienfonds namhafter Anbieter sind zum Ausbau Ihres Vermögens sehr gut geeignet. Wenn Sie mehr riskieren wollen, dann könnten Sie sich auch mit Fonds befassen, die in bestimmte Branchen investieren, oder mit Schwellenländerfonds, Osteuropa-Fonds u. a. m. Aktienfonds sind interessant, wenn Sie den Freibetrag für Zinserträge ausgeschöpft haben. Kursgewinne sind steuerfrei, wenn Sie die Fondsanteile mehr als ein Jahr in Ihrem Besitz hatten. Nur die geringen Dividenden müssen versteuert werden.

In den letzten Berufsjahren

Häufig ist in dieser Lebensphase schon eine stattliche Summe vorhanden, sei es durch eigene Sparleistung, sei es durch eine Erbschaft. Nun geht es darum, das bis jetzt Erreichte abzusichern, die letzten Weichen für einen sorglosen Lebensabend zu stellen.

Natürlich brauchen Sie auch jetzt eine Liquiditätsreserve in Höhe von zwei Monatsgehältern. *Festgeld,*

Geldmarktfonds oder auch *verzinste Girokonten* sind hierfür geeignet.

Wenn der Freibetrag für Zinseinkünfte (3100 DM für Alleinstehende, 6200 DM für Verheiratete) ausgeschöpft ist, stehen natürlich steuerlich günstige Anlagen im Vordergrund. Besitzen Sie *Aktienfonds*, brauchen Sie sich darüber keine Sorgen zu machen. Kursgewinne bei Aktien und Aktienfonds sind steuerfrei, wenn diese länger als ein Jahr in Ihrem Besitz waren.

Möchten Sie Ihren Bestand an Fonds mit Aktien ausbauen, aber kein hohes Risiko mehr eingehen, dann sind jetzt *gemischte Fonds*, *AS-Fonds* und *Dachfonds* erste Wahl. Für diese Fonds gilt steuerlich das gleiche wie für Aktienfonds.

Auch *offene Immobilienfonds* sind steuerlich günstig; nur ein kleiner Teil der Erträge muß versteuert werden. Offene Immobilienfonds sind eine sichere und wertbeständige Basisanlage. Einige der Fondsgesellschaften investieren auch in Immobilien im europäischen Ausland. Diese Fonds bieten höhere Ertragschancen als die Fonds, die ausschließlich in Deutschland anlegen.

Sind noch mindestens zwölf Jahre Zeit bis zum Rentenbeginn, können Sie vorhandenes, nicht benötigtes Kapital in eine *private Rentenversicherung* mit Prämiendepot einzahlen. Nach zwölf Jahren haben Sie die Wahl zwischen einer steuerfreien Auszahlung des Kapitals oder einer monatlichen Rente, die lebenslang gezahlt wird. Die Kapitalauszahlung ist steuerfrei. Die Rente ist ebenfalls steuerbegünstigt.

Stehen Ihnen diese zwölf Jahre nicht mehr zur Verfügung, gibt es die Möglichkeit, einmalig eine größere Summe direkt in eine *private Rentenversichung* einzuzahlen. Sie können dann selbst entscheiden, wann Sie Rente beziehen möchten, und müssen nicht zwölf Jahre Laufzeit abwarten. Allerdings sollten Sie bei dieser Variante nur die Rentenzahlung wählen, die Kapitalauszahlung ist uninteressant, da nicht steuerfrei.

Interessant in diesem Lebensabschnitt sind auch *geschlossene Immobilienfonds*. Wird der Einstiegszeitpunkt richtig geplant, können Sie Steuern sparen und im Rentenalter überwiegend steuerfreie Ausschüttungen kassieren.

Besitzen Sie eine selbstgenutzte *Immobilie*, sollten Sie jetzt alles dazu tun, daß sie bis zum Eintritt des Rentenalters schuldenfrei ist.

Im Ruhestand

Nun haben Sie es geschafft; Sie können hoffentlich von den Früchten Ihrer Arbeit leben. Sehr interessant sind jetzt *festverzinsliche Wertpapiere* mit regelmäßigen Zinszahlungen. Nutzen Sie den Freibetrag für

Zinserträge für eine Investition in festverzinslichen Wertpapieren. Sie haben dann die Zinserträge steuerfrei. Darüber hinaus zur Verfügung stehendes Kapital ist in *privaten Rentenversicherungen* gut untergebracht. Sie haben lebenslang eine monatliche Rentenzahlung, die obendrein steuerbegünstigt ist, und müssen sich um die Anlage des Geldes nicht mehr kümmern.

Gerade Frauen gefällt an privaten Rentenversicherungen oft nicht, daß das Kapital verrentet wird, sich also im Laufe des Lebens aufzehrt. Es steht somit den Erben nicht mehr zur Verfügung. Denken Sie daran: Am besten sorgen Sie für Ihre Hinterbliebenen, wenn Sie an sich denken und in jeder Phase des Lebensabends für sich selbst aufkommen können.

Besitzen Sie *gemischte Fonds*, *offene Immobilienfonds* oder auch *Rentenfonds*, dann können Sie sich über einen Auszahlplan monatlich eine gleichbleibende Summe aus Ihrem Fondsguthaben überweisen lassen. Diese Möglichkeit gibt es mit Kapitalverzehr (dann besteht die Auszahlung zu einem Teil aus Zinsen, zu einem anderen Teil aus der Substanz, das Kapital wird langsam aufgebraucht) oder ohne Kapitalverzehr. Bei letzterem werden nur die Zinsen verrentet.

Haben Sie *Aktienfonds*, sollten Sie diese als substanzsichernde Geldanlage behalten, es sei denn, Sie brauchen aus diesem Kapital monatliche Einnahmen. Aktienfonds sind für Auszahlpläne nicht geeignet. Da Aktienfonds mehr oder minder starken Kursschwankungen unterliegen, Sie aber monatlich Geld entnehmen müssen, kann sich ein Auszahlplan über einen längeren Zeitraum ungünstig auswirken. Für einen Auszahlplan sind deshalb in der Regel Fonds mit geringeren Schwankungen besser geeignet, also *gemischte Fonds*, *offene Immobilienfonds* oder *Rentenfonds*.

Jetzt ist auch eine Variante der *geschlossenen Immobilienfonds* interessant, bei der es nicht ums Steuersparen, sondern um hohe steuerfreie Renditen geht. Mit solchen *Sachwert-Renditefonds* beteiligen Sie sich an gewerblichen Immobilien beispielsweise in den USA, Großbritannien oder Holland. Durch die Doppelbesteuerungs-Abkommen zwischen diesen Ländern und Deutschland bleiben die hohen Ausschüttungen nahezu steuerfrei.

Notgedrungen müssen diese Kategorisierungen schematisch sein. Sie können eine qualifizierte persönliche Beratung nicht ersetzen.

Fürs Alter vorsorgen

Warum Frauen dieses Thema meiden und welche
Folgen das hat

Armut im Alter ist weiblich! Niedrigere Löhne und
Gehälter, Kindererziehungszeiten, Teilzeitarbeit und
oft langjähriger Rückzug auf Partnerschaft und Familie lassen die Rentenerwartung von Frauen schrump-
fen. 92,6 % aller Rentenempfängerinnen beziehen
eine monatliche Rente von unter 2000 DM. 58,1 %
aller Rentenempfängerinnen haben eine monatliche
Rente von unter 1000 DM (Zahlen von 1997).
Aber auch wenn dies alles nicht auf Sie zutrifft, werden Sie mit der gesetzlichen Rente allein Ihren Lebensunterhalt im Alter nicht finanzieren können. Selbst
wenn Sie 45 Jahre versicherungspflichtig gearbeitet
haben, können Sie nur eine gesetzliche Rente von
ca. 40 % des letzten Bruttoeinkommens erwarten.
Die gesetzliche Höchstrente allerdings liegt derzeit bei
ca. 3900 DM.
Je mehr Sie verdienen, desto größer wird die Lücke
zwischen Ihrem jetzigen Einkommen und der künfti-

gen Rente sein. Das ist die sogenannte Versorgungs-
lücke. Gutverdienende können lediglich mit einer
Rente von 30 %, vielleicht sogar nur mit 20 % des
letzten Nettoeinkommens rechnen. Das heißt, die
gesetzliche Rente wird in Zukunft nur noch eine
Grundversorgung sein.

Dazu kommt die generelle Unsicherheit unseres Ren-
tensystems. Es wird sich in den kommenden Jahrzehnten deutlich verschlechtern, und davon wird niemand
unberührt bleiben. Denn das Verhältnis zwischen
berufstätigen Beitragszahlern und Rentenempfängern
verändert sich dramatisch.

Durch verbesserte Lebensbedingungen und bessere
medizinische Versorgung werden immer mehr Rent-
ner/innen immer älter, beziehen also deutlich länger
Rente. Dazu kommt außerdem, daß immer mehr
Menschen durch Rationalisierungsmaßnahmen in den
Vorruhestand geschickt werden, also deren Renten-
bezugszeit ebenfalls deutlich steigt. Andererseits sinkt
die erwerbstätige Bevölkerung (durch abnehmende
Geburtenzahlen).

Heute finanzieren zwei Erwerbstätige mit ihren
monatlichen Beiträgen eine/n Rentenempfänger/in.
Im Jahre 2035 wird das Verhältnis 1:1 sein. Das heißt,
Sie müssen damit rechnen, daß entweder Ihre Ren-
tenbeiträge jetzt deutlich erhöht werden müssen oder
die gesetzliche Rentenleistung später reduziert wird.

Vor allem für Frauen kann also die finanzielle Situation im Alter sehr schwierig werden.

• weil sie in der Regel weniger verdienen als Männer,

• weil sie durch die Familienpause Ausfallzeiten haben,

• weil sie häufig Teilzeit arbeiten oder geringfügige Beschäftigungsverhältnisse eingehen,

• weil sie unentgeltlich im Unternehmen ihres Partners mitarbeiten und

• weil sie Berufstätigkeit oft nur als eine Episode in ihrem Leben betrachten.

Mit welchen Geldanlagen Sie am besten vorsorgen

Kapital-Lebensversicherungen und Rentenversicherungen

Sie sind risikolos, überschaubar und durch die Steuerfreiheit der Erträge vielen anderen Geldanlagen überlegen. Dazu haben Sie eine garantierte Mindestverzinsung und sind per Gesetz an den Überschüssen der Versicherungsgesellschaft beteiligt. Eine Rendite von 6–7 % wurde in der Vergangenheit von guten Gesellschaften erzielt. Und diese Rendite fließt Ihnen steuerfrei zu. Das heißt, Sie müßten zum Beispiel bei einem persönlichen Steuersatz von 40 % mit einer festverzinslichen Geldanlage vor Steuern über 10 % erzielen, um nach Steuern den gleichen Gewinn in der Tasche zu haben.

Private Rentenversicherungen sind geeignet für Frauen, die niemanden absichern wollen und müssen, die ausschließlich an ihre eigene Absicherung denken. Die Wahlmöglichkeit zwischen Kapitalauszahlung oder lebenslanger monatlicher Rentenzahlung am Ende der Laufzeit bietet größere Gestaltungsfreiheit als die klassische Kapital-Lebensversicherung.

Die Kapital-Lebensversicherung wiederum ergibt in jungen Jahren einen Sinn, da sie im Laufe der Jahre auf vielfältige Weise eingesetzt werden kann. So kann eine Lebensversicherung zur Absicherung eines Kredits dienen, sie kann helfen, Kinder im Fall des Todes abzusichern, usw.

Aktien-Investmentfonds

Haben Sie die Basisabsicherung über eine Lebensversicherung, dann brauchen Sie einen Renditeturbo. Und das sind Aktienfonds. In der Vergangenheit haben gute Aktienfonds durchschnittliche Renditen von jährlich 10 % gebracht.

Natürlich gibt es diese guten Ergebnisse nicht ohne Risiko. Das heißt, Sie müssen im Laufe der Anlagezeit mit mehr oder minder starken Kursschwankungen rechnen. Für eine kurze Anlagezeit sind also Aktienfonds auf gar keinen Fall geeignet. Viele Untersuchungen haben gezeigt, daß Kursschwankungen an Bedeutung verlieren, je länger Ihr Anlagehorizont ist. Zehn Jahre und mehr sollten Sie zur Verfügung haben, dann stehen Sie nicht unter dem Druck, Ihren Aktienfonds zum falschen Zeitpunkt auflösen zu müssen.

Je mehr Zeit Sie für den Aufbau Ihres Vermögens zur Verfügung haben, desto höher kann der Anteil an Aktienfonds bei Ihren Vorsorgemaßnahmen sein. Europäisch oder weltweit anlegende, breit gestreute Aktienfonds sind zum Aufbau eines Vermögens bestens geeignet. Wichtig ist hierbei, daß Sie einen möglichst breit und international investierenden Aktienfonds oder einen gemischten Fonds (mit Aktien und festverzinslichen Wertpapieren) wählen. Branchen-, Länder- und Spezialfonds sind spekulativer und zur Altersversorgung weniger geeignet.

Die vermietete Neubau-Immobilie

Immobilien als klassische Sachwertanlagen können einen Inflationsausgleich bieten. Allerdings verlangen sie bei einem Engagement von Ihnen mehr Voraussetzungen als Lebens- bzw. Rentenversicherungen und Aktienfonds. Sie müssen ein finanzielles Polster haben und sollten über ein dauerhaft gutes Einkommen verfügen.

Eine Neubau-Immobilie sollten Sie wählen, weil Sie

hier hohe steuerliche Vorteile haben und Reparaturen nicht so schnell auftreten.

Mit Eintritt des Rentenalters allerdings muß die Immobilie schuldenfrei sein. Sie haben dann als zusätzliche Einnahme den Mietertrag. Da dieser Mietertrag im Laufe der Jahre steigen wird, verfügen Sie über eine dynamische Rente. Sie können aber natürlich auch die Immobilie verkaufen und das Geld z. B. in eine »sofort beginnende private Rentenversicherung« einzahlen.

Die selbstgenutzte Immobilie

Sicherlich ist diese Form der Geldanlage die beste Altersversorgung überhaupt. Allerdings setzt sie erhebliches Eigenkapital und ein dauerhaft gutes Einkommen voraus. Mit Beginn des Rentenalters sollte die Immobilie weitgehend schuldenfrei sein. Wenn Sie sich hier finanziell zuviel zumuten, kann das böse enden. Die Absicherung der Familie über eine Risiko-Lebensversicherung ist unbedingt notwendig.

Geschlossene Immobilienfonds

Bei dieser Immobilieninvestition können Sie auch mit geringeren Summen einsteigen, in der Regel ab 20000, manchmal erst ab 50000 DM. Am besten erwerben Sie die Anteile in einer Zeit, in der Sie noch berufstätig sind, also die Steuervorteile nutzen können. Sie haben dann in den Folgejahren überwiegend steuerfreie Ausschüttungen und profitieren, hoffentlich, später einmal von der steuerfreien Wertsteigerung beim Verkauf der Immobilie.

Ich halte ein von finanziellen Sorgen freies Alter für ein wichtiges, wenn nicht für das wichtigste Ziel des Lebens. Jedem Menschen sollte es vergönnt sein, im Alter die Früchte seines Lebenswerks zu genießen. Da sich die weitverbreitete Annahme, die gesetzliche Rente könne dies gewährleisten, als Irrglaube herausstellt, gewinnt die private Altersversorgung in Ergänzung zur gesetzlichen und betrieblichen große Bedeutung. Je früher Frauen beginnen, an ihr Alter zu denken, desto geringer ist der Aufwand dafür und desto größer der Erfolg.

Steuern sparen

Wie Sie sinnvoll und legal Steuern sparen können

Es ist sinnvoll und wichtig, Geldanlagen so zu planen, daß bestehende Freiräume genutzt und hohe Steuerzahlungen vermieden werden können. Grundsätzlich sind alle laufenden Erträge wie Zinsen und Dividenden steuerpflichtig. Der Freibetrag für Kapitalerträge wurde zum 1.1.2000 halbiert und beträgt jetzt nur noch 3100 DM für Alleinstehende und 6200 DM für Verheiratete. So viel dürfen Sie an Zinsen und Dividenden einnehmen, ohne dafür Steuern zahlen zu müssen.

Nicht alles aber, was Ihnen aus Ihrem Kapital zufließt, unterliegt der Besteuerung. Bei geschickter Gestaltung Ihrer Geldanlagen und einem guten Anlagekonzept können Sie auch die Erträge eines größeren Vermögens ganz legal überwiegend steuerfrei halten.

Sie können Steuern vermeiden,

wenn Sie Geldanlagen wählen, deren Erträge ganz oder teilweise steuerfrei sind.

108

Die Erträge bei *Kapital-Lebensversicherungen* und *Rentenversicherungen* sind steuerfrei, wenn mindestens fünf Jahresbeiträge entrichtet sind und eine Laufzeit von zwölf Jahren eingehalten wird. Wenn Sie den Freibetrag für Zinserträge schon ausgeschöpft haben oder im Laufe der Jahre ausschöpfen werden, ist eine Lebens- oder Rentenversicherung für Sie eine hochinteressante Geldanlage.

Sind Sie im Ruhestand, kann sich für Sie eine Einmaleinzahlung in eine *private Rentenversicherung* lohnen. Sie erhalten daraus eine lebenslange monatliche Rente, von der Sie nur den sogenannten Ertragsanteil versteuern müssen. Das heißt, wenn Sie 65 Jahre alt sind und einen monatlichen Betrag von z. B. 1000 DM aus Ihrer privaten Rentenversicherung erhalten, zählen als steuerpflichtiges Einkommen nur 270 DM.

Bei *offenen Immobilienfonds* ist ein Teil des Ertrags steuerfrei. Dieser steuerfreie Anteil bewegt sich zwischen 30 und 60 % der jährlichen Ausschüttung. Sie können also als Alleinstehende/r in einem offenen Immobilienfonds bis zu 100 000 DM steuerfrei anlegen, wenn Sie dafür den Freibetrag für Zinserträge verwenden.

Kursgewinne bei *Aktien*, bei *festverzinslichen Wertpapieren* und *Investmentfonds* müssen nicht versteuert werden, wenn Sie die Papiere mindestens zwölf Monate in Ihrem Besitz hatten (Spekulationsfrist).

Auch für Wertsteigerungen beim Verkauf von *Immobilien* zahlen Sie keine Steuern. Die Spekulationsfrist beträgt hier allerdings zehn Jahre, d. h. die Steuerfreiheit wird nur gewährt, wenn Sie die Immobilie mindestens zehn Jahre in Ihrem Besitz hatten.

Sie können Zinserträge verlagern,

beispielsweise ins Rentenalter. Zinserträge müssen grundsätzlich in dem Jahr versteuert werden, in dem sie zufließen. Bei *Bundesschatzbriefen Typ B*, bei *auf- und abgezinsten Sparbriefen* und bei *Zerobonds* erhalten Sie Zinszahlungen nicht während der Laufzeit, sondern erst am Schluß, bei Fälligkeit.
Staffeln Sie die Laufzeit Ihrer Wertpapiere, und planen Sie so, daß Sie bei Fälligkeit der Papiere schon im Ruhestand sind. Sie haben dann kein so hohes steuerpflichtiges Einkommen mehr und zahlen unter Ausnutzung aller Freibeträge nur noch wenig Steuern.

Sie können Steuern einsparen,

wenn Sie Geldanlagen wählen, die Ihr zu versteuerndes Einkommen reduzieren.
Eine interessante Möglichkeit, die alle Arbeitnehmer nutzen können, ist eine *Direktversicherung* durch *Gehaltsumwandlung*. Hierbei schließt der Arbeitgeber für den Arbeitnehmer eine Lebensversicherung ab und zahlt die Prämie dafür (der zulässige Höchst-

betrag ist 3408 DM pro Jahr) direkt an die Versicherungsgesellschaft. Die Versicherungsprämie wird vom Bruttogehalt abgezogen und pauschal mit (derzeit) 20 % versteuert. Die Arbeitnehmer/innen versteuern dann nur noch den Rest ihres Bruttogehalts und spart damit Einkommensteuer. Wichtig: Nicht alle Arbeitgeber sind dazu bereit.

Die beste Möglichkeit allerdings, Steuern zu sparen, bieten Immobilien, die Sie vermieten. Steuerliche Abschreibungsmöglichkeiten mindern Ihr zu versteuerndes Einkommen und damit Ihre Steuerbelastung.

Meiner Meinung nach sollten sich allerdings Immobilienkäufe auch ohne steuerliche Vergünstigungen rechnen. Ein seriöses Finanzierungskonzept sollte davon ausgehen, daß die Steuerrückflüsse zur Tilgung des Kredits verwendet werden und nicht, um den Unterhalt der Immobilie erst möglich zu machen.

Mehr als bei jeder anderen Geldanlage kommt es beim Immobilienkauf auf die Ausgangsbedingungen an: Sie sollten ein finanzielles Polster, ein gutes Einkommen und einen sicheren Arbeitsplatz haben, wenn eine Immobilieninvestition sinnvoll sein soll.

Die Beteiligung an einem *geschlossenen Immobilienfonds* ist mit dem Direkterwerb einer Immobilie vergleichbar. Allerdings ist eine Beteiligung schon mit wesentlich geringeren Beträgen (ab 20000 DM +

5 % Aufgeld) möglich. Mit Anteilen an geschlossenen Immobilienfonds können Sie im Jahr des Kaufs,
manchmal auch noch im zweiten Jahr Ihr zu versteuerndes Einkommen reduzieren. In den Folgejahren
haben Sie dann überwiegend steuerfreie Ausschüttungen.

Schiffsbeteiligungen, Filmbeteiligungen usw. sind
unternehmerische Beteiligungen mit hohen Steuervorteilen und hohem Risiko. Erkundigen Sie sich, wenn
Sie an so einer Investition interessiert sind, unbedingt
nach der Bonität und der Erfahrung des Anbieters.
Sprechen Sie vor einem Abschluß unbedingt mit Ihrer
Steuerberaterin / Ihrem Steuerberater.

Mein Rat: Nicht geeignet sind meiner Meinung nach
Erwerbermodelle. Das sind Gebrauchtwohnungen,
die meist aus dem Bestand eines Großinvestors aufge-
kauft werden. Große Versicherungen beispielsweise
stoßen ganze Wohnanlagen ab, wenn sich hohe Reno-
vierungskosten abzeichnen, die nicht auf die Miete
umgelegt werden können. Die Aufkäufer wandeln
diese Wohnanlagen in Eigentumswohnungen um, ver-
packen das Ganze als Steuersparpaket mit hohen
Werbungskosten und verkaufen jede einzelne Wohnung mit horrenden Aufschlägen. Mit kurzfristigen
Steuervorteilen erwerben Sie hier eine Schrottimmo-
bilie, an der Sie keine Freude haben.

Auch die Vermögensübertragung auf Kinder, um die Kapitalerträge nicht versteuern zu müssen, halte ich nicht für empfehlenswert. Vom Finanzamt werden nur tatsächliche Vermögensübertragungen auf Kinder anerkannt. Scheinübertragungen zum Zweck der Steuerumgehung sollten deshalb unbedingt vermieden werden. Das heißt, das übertragene Vermögen gehört tatsächlich dem Kind. Eltern sollten gut überlegen, ob sie ihr Geld endgültig aus der Hand geben wollen. Eine Vermögensübertragung auf Kinder ist meines Erachtens nur sinnvoll, wenn das Vermögen groß ist und den Kindern im Falle des Todes hohe Erbschaftssteuern erspart werden sollen.

Schließen Sie keine Geldanlage ausschließlich unter steuerlichen Gesichtspunkten ab. Steuerliche Vorteile können auch gestrichen werden. Bedenken Sie, daß Sie sich bei Steuersparanlagen für kurzfristige Steuerersparnisse meist sehr langfristig an die Anlage binden. Eine Geldanlage sollte nicht nur steuerlich günstig sein, sondern auch langfristig wirtschaftlich einen Sinn ergeben.

»Rosa Elefanten« oder: Wie Sie garantiert nicht reich werden!

Wie Sie Betrüger und Betrugsobjekte erkennen

Auf jährlich mindestens 40 Milliarden DM schätzen Experten den Schaden, den betrügerische Anlagevermittler anrichten. Die Versprechen sind immer die gleichen: höchste Erträge bei absoluter Sicherheit, also »rosa Elefanten«, die Erfüllung eines Traums.

1000 DM, sagt Frau A., könne sie in einen »Sparbrief« investieren mit 72 % garantierten Zinsen im Jahr, bankverbürgt und sicher. Viele ihrer Freundinnen hätten schon investiert und auch die ersten Zinszahlungen in dieser Höhe erhalten.

72 % Zins gibt es nicht, und schon gar nicht bankverbürgt und sicher. Renditen in dieser Höhe können Sie unter Umständen erreichen mit hochriskanten, spekulativen Geldanlagen, bei denen Sie Ihr Geld aber natürlich auch verlieren können.

Im oben beschriebenen Fall handelt es sich um ein sogenanntes Schneeballsystem, das folgendermaßen funktioniert: Aus den jeweils neu von Anlegern eingezahlten Geldern werden eine Zeitlang die Zinsen für die ersten Anleger gezahlt. Die Erstinvestoren erhalten somit die »Bestätigung«, daß das System wirklich funktioniert. Sie sollen dadurch dazu gebracht werden, weiteres Geld zu investieren. Ein Schneeballsystem läuft natürlich nur, solange Nachschub kommt. Bleibt dieser aus, übersteigen bald die »Zinszahlungen« die Einnahmen, und das ganze System bricht zusammen.

Frau B. wird eine gebrauchte Eigentumswohnung zur Kapitalanlage kaufen. Sachwert schlägt Geldwert, hat ihr der Immobilienverkäufer erklärt. Das hat sie überzeugt. Die Wohnung ist irgendwo in diesem unserem Land, gesehen hat sie sie nicht. Gebaut wurde sie in den 1960er Jahren, das Haus wurde aber, wie der Immobilienverkäufer versichert, »von Grund auf« renoviert. Die Immobilie rechnet sich: Eigenkapital braucht sie keins; Mieteinnahmen und Steuervorteile tragen die Kosten. Und in fünf Jahren kann sie die Immobilie mit Riesengewinn verkaufen, sagt der Immobilienverkäufer.

Zuhauf werden in der Bundesrepublik sogenannte Erwerbermodelle angeboten, das sind überalterte, schlecht gebaute und notdürftig renovierte Wohnungen, in der Regel aus den 1960er Jahren. Meist handelt es sich dabei um Wohnanlagen, die von großen Gesellschaften (z. B. Versicherungen) abgestoßen werden, weil sich größere Renovierungen abzeichnen, die nicht auf die Mieten umgelegt werden können. Von den Aufkäufern dieser Wohnanlagen werden die Wohnungen dann in Eigentumswohnungen umgewandelt und zu völlig überhöhten Preisen verkauft.

Frau C. hat soeben ein interessantes Telefongespräch geführt: In Kaffee müsse sie investieren, der Kaffeepreis steige mit 100%iger Sicherheit in den nächsten Monaten, hat ihr ein unbekannter Herr mit wohlklingender Stimme am Telefon erklärt. Wenn sie jetzt ein Warentermingeschäft abschließe, habe sie die Möglichkeit, in einem halben Jahr Riesengewinne zu machen.

Warentermingeschäfte sind hochspekulative Geschäfte, mit denen hohe Gewinne zu erzielen sind, aber eben auch ein totaler Verlust möglich ist. Seriöse Warentermingeschäfte werden niemals telefonisch abgewickelt, sondern ausschließlich über honorige Brokerhäuser getätigt. Sollen Sie, wie in dem oben geschilderten Fall, via Telefon und mit hohen Gewinnversprechen zur Investition gebracht werden, legen Sie am besten den Hörer auf.

Werden Sie unbedingt mißtrauisch,

• wenn Ihnen Unbekannte telefonisch Geldanlagen anbieten; dies ist eine der häufigsten Methoden von unseriösen Geschäftemachern und Betrügern, Kontakt aufzunehmen; Telefonverkäufer sind besonders geschult, mit Reizworten wie Steuern sparen, 20 % Rendite, bankgarantiert usw. neugierig zu machen; lassen Sie sich auf kein Gespräch ein, legen Sie den Hörer auf;

• wenn Ihnen höchste Gewinne bei absoluter Sicherheit versprochen werden, dies gibt es nicht;

• wenn Sie Ihr Geld dem Berater oder Vermittler persönlich übergeben oder auf dessen Konto überweisen sollen;

• wenn der Firmensitz oder die Geschäftsadresse in exotischen Ländern ist;

• wenn Sie zum Abschluß gedrängt werden; es gibt nur wenige wirklich einmalige Gelegenheiten, bei denen Sie sofort zugreifen müssen.

Und machen Sie sich eines klar: Betrüger sind nicht immer auf Anhieb als Betrüger zu erkennen, sonst würde ja niemand auf sie hereinfallen. Betrüger sind redegewandt und haben beste Manieren. Und sie arbeiten mit allen verfügbaren psychologischen Tricks.

Wie an sich solide Geldanlagen unsachgemäß verkauft werden

Auf die Frage nach dem tüchtigsten Vertreter in seiner Firma gab der Chef die Antwort, es sei der, der einem Kleinbauern eine Melkmaschine verkaufe und dafür die drei Kühe des Bauern in Zahlung nehme.

Sicherlich ist kein Bauer so dumm, eine Melkmaschine zu kaufen, wenn er keine Kühe zum Melken hat, ganz egal, wie eloquent und überzeugend der Verkäufer auch sein mag. Aber ist diese Geschichte wirklich fernab jeglicher Realität? Gibt es nicht Tausende, die einen Bausparvertrag abschließen, obwohl sie nie in ihrem Leben bauen können? Lassen sich nicht viele, allzu viele, zu Geldanlagen überreden, die zwar seriös sind, aber für die Ziele und die Lebenssituation der Anleger/innen absolut untauglich? Hier einige Beispiele, alle aus meiner täglichen Praxis:

Frau S. ist Freiberuflerin und will Geld für ihre Steuerzahlungen ansammeln. Der Anlagezeitraum ist also bekannt. Von ihrer Hausbank wird ihr ein deutscher Aktienfonds empfohlen. Nach einem Jahr muß Frau S. die Anteile verkaufen, da ja ihre Steuerzahlung fällig ist. Der Zeitpunkt ist äußerst ungünstig, die Aktienkurse sind stark gesunken. Frau S. verliert Geld.

Aktienfonds sind spekulative Geldanlagen, die nur dann einen Sinn ergeben, wenn der Anleger / die Anlegerin den Fonds langfristig halten kann und will. Zur Ansammlung von Geld für einen zeitlich naheliegenden, bestimmten Zweck sind Aktienfonds auf gar keinen Fall geeignet.

Frau D. wurde gerade geschieden. Aus dem Verkauf des gemeinsamen Hauses hat sie 250 000 DM erhalten. Frau D. weiß noch nicht, wie ihr künftiges Leben aussehen wird. Sie will sich erst einmal mit ihren drei Kindern an ihr neues Leben gewöhnen und denkt an eine Umschulung, um beruflich wieder Fuß fassen zu können. Von der Anlage einer so großen Summe fühlt sie sich überfordert. Da kommt Heinz L. wie gerufen, ein Freund ihres Bruders. Herr L. rät ihr eindringlich und nachhaltig, von dem Geld Anteile an einem geschlossenen Immobilienfonds – es handelt sich um ein Einkaufszentrum in den neuen Bundesländern – zu kaufen. Sachwert, Inflation, Wertsteigerung, Mietindexierung – Frau D. schwirrt der Kopf. Aber es ist alles sehr einleuchtend, was Heinz L. ihr da am Wohnzimmertisch erzählt. Und Immobilien waren ja immer schon eine gute Geldanlage. Sie unterschreibt.

Ein geschlossener Immobilienfonds ist von allen möglichen Geldanlagen vermutlich die, die Frau D. in ihrer Situation am wenigsten brauchen kann: Die erheblichen Steuervorteile, die geschlossene Fonds attraktiv machen, kann Frau D. nicht nutzen, weil sie derzeit nicht arbeitet und auch die nächsten Jahre wegen ihrer Umschulung nichts verdienen wird. Ihr Geld liegt für viele Jahre fest – Anteile an geschlossenen Fonds sind schwer verkäuflich, es gibt dafür keinen Markt. In der Situation von Frau D., für die ihr weiteres Leben völlig offen ist, also grundverkehrt.

Frau B. und Herr F. kaufen sich zusammen ein Haus zur Selbstnutzung. Von einem Finanzierungsvermittler wird ihnen zur Tilgungsaussetzung über eine Lebensversicherung geraten. Das heißt, die Hauskäufer tilgen nicht regelmäßig ihren Kredit, sondern zahlen statt dessen die Beiträge für eine Lebensversicherung. Diese Form der Finanzierung und Tilgung ergibt ausschließlich einen Sinn bei Immobilien, die vermietet werden, da hier die Schuldzinsen steuerlich absetzbar sind. Bei selbstgenutzten Immobilien dagegen ist es wichtig, kontinuierlich zu tilgen, um möglichst bald, auf jeden Fall aber bis zum Rentenalter, schuldenfrei zu sein.

Falschberatungen dieser Art aus Gründen der Provisionsoptimierung sind leider an der Tagesordnung. Argumentiert wird in der Regel damit, daß über eine Lebensversicherung ja auch der Fall eines vorzeitigen Todes des Haupternährers abgesichert ist. Gesagt wird dabei nicht, daß eine solche Todesfallabsicherung völlig ausreichend und viel kostengünstiger über eine Risiko-Lebensversicherung vorgenommen werden kann.

Frau E. hat vier Bausparverträge. Bauen will sie nicht, sie hat eine sehr günstige Dienstwohnung, die sie auch nach ihrer Pensionierung behalten kann. Aber in regelmäßigen Abständen meldet sich der Bausparkassen-Vertreter, um ihr ein Angebot zu unterbreiten. Und da schon ihre Eltern Bausparverträge hatten, schließt Frau E. mit schöner Regelmäßigkeit Bausparverträge ab.

Bausparverträge sind dann interessant, wenn jemand eine Immobilie zur Eigennutzung erwerben will. Oder wenn jemand nicht mehr als 50 000 DM im Jahr verdient und damit Anspruch auf die staatliche Wohnungsbauprämie hat. Zur Geldanlage sind Bausparverträge nicht geeignet, weil die Verzinsung für das angelegte Kapital der Sparbuchverzinsung ähnelt, also nicht genügend Rendite abwirft.

Ganz gleich, von wem Sie beraten werden, Sie sollten mißtrauisch sein,

• wenn Ihnen geraten wird, bestehende Lebensversicherungen aufzulösen, um eine neue Lebensversicherung oder andere Geldanlagen abzuschließen; selbst wenn die Versicherungsgesellschaft, bei der Sie versichert sind, nicht zu den besten gehört, ist es günstiger für Sie, die bestehende Lebensversicherung zu behalten, als eine neue abzuschließen; jede neu abgeschlossene Lebensversicherung ist in den ersten Jahren mit hohen Verwaltungs- und Provisionskosten belastet; wirklich gewinnträchtig werden Lebensversicherungen zum Ende hin, da hier die »dicken« Schlußgewinne anfallen; Sie bringen sich also um den Lohn für Ihre jahrelange Mühe, wenn Sie Ihre Lebensversicherung vorzeitig beenden;

• wenn Ihnen Konstruktionen vorgeschlagen werden, bei denen mehrere Geldanlagen miteinander verbunden sind, die nichts miteinander zu tun haben; beliebt sind: Bausparvertrag mit Lebensversicherung und Sparplan, Baufinanzierung mit Aktienfonds, Investmentfonds mit Lebensversicherung usw.; der Phantasie sind hier keine Grenzen gesetzt; in der Regel verdient hier nur einer, und das sind nicht Sie;

• wenn Sie über 45 Jahre alt sind und Ihnen der Abschluß einer Kapital-Lebensversicherung vorgeschlagen wird; in der Regel ist ab diesem Alter eine private Rentenversicherung wesentlich günstiger;

• wenn Ihnen ein Bausparvertrag zur Geldanlage empfohlen wird, obwohl Sie keinen Anspruch auf Wohnungsbauprämie haben und auch nicht vorhaben, eine Immobilie zu erwerben.

Zehn goldene Regeln für Ihren Anlageerfolg

- Sparen Sie regelmäßig mindestens 5, besser aber 10 % Ihres Nettoeinkommens! Nur mit Konsequenz und Ausdauer kommen Sie an Ihr Ziel.
- Bestimmen Sie vor der Anlage Ihres Geldes Ihre mittel- und längerfristigen Ziele und damit Ihren Anlagehorizont. Geldanlage ist immer auch ein Stück Lebensplanung.
- Setzen Sie nicht alles auf eine Karte, investieren Sie also nicht Ihr gesamtes Geld in nur eine Anlageform. Eine gute Streuung erhöht Ihre Chancen und vermindert Ihr Risiko!
- Lassen Sie sich nicht von »heißen Tips« zu einer Geldanlage verleiten. Was für Ihre Freundin / Ihren Freund richtig ist, muß für Sie nicht passen. Machen Sie sich bewußt, daß die meisten Menschen lieber über ihre Gewinne als über ihre Verluste reden.
- Vergessen Sie nicht, daß Sie bei jeder Geldanlage, die überdurchschnittliche Chancen bietet, auch mit höheren Risiken rechnen müssen. Hohe Gewinnchancen ohne Risiko gibt es nicht.
- Gehen Sie vernünftige Risiken ein, beispielsweise

mit Aktien und Aktienfonds. Wer nichts wagt, gewinnt auch nichts.

- Jagen Sie nicht irgendwelchen Trends hinterher, und wechseln Sie nicht zu häufig von einer Geldanlage zur anderen. Das kostet nur Ihr Geld und schmälert Ihre Rendite.
- Überprüfen Sie immer dann, wenn sich eine Veränderung Ihrer Lebenssituation ergibt, ob Ihre Geldanlagen noch Ihren Zielen und Wünschen entsprechen.
- Geraten Sie nicht in Panik, wenn sich die Marktlage bei einer Ihrer Geldanlagen ändert. Aktienkurse, Zinsen oder auch Immobilienpreise unterliegen über Jahre hinweg immer mehr oder minder starken Schwankungen.
- Üben Sie sich in Geduld. Viele Geldanlagen, die zum langfristigen Vermögensaufbau bestens geeignet sind, brauchen ganz einfach Zeit, um sich entwickeln zu können.

Hier werden Sie gut beraten

FinanzFachFrauen bundesweit seit 1988
Internet: www.finanzfachfrauen.de/wo.htm

Berlin

Anne Wulf / das finanzkontor gmbh
Kulmbacher Straße 15   10777 Berlin
Tel.: 0 30/21 47 47 90, Fax: 0 30/21 47 47 92
E-Mail: dasfinanzkontor@t-online.de

Fair Ladies
Anklamer Straße 38–40   10115 Berlin
Tel.: 0 30/80 90 20 20, Fax: 0 30/4 48 48 77
E-Mail: fair-ladies@t-online.de

Bremen

Ulrike Müller / Das Neue Büro
Holbeinstraße 12   28209 Bremen
Tel.: 04 21/3 47 93 34, Fax: 04 21/3 47 93 50
E-Mail: dasneuebuero@t-online.de

Dresden

Cornelia Trentzsch / Fairsicherungsbüro
An der Pikardie 2   01277 Dresden
Tel.: 03 51/2 51 23 79, Fax: 03 51/2 51 24 07
E-Mail: Fairsicherungsbuero-Dre@t-online.de
Internet: www.fairsicherung.de/n-shop06a.html

125

Göttingen

Regina Weihrauch
Angerstraße 2 a   37073 Göttingen
Tel.: 05 51 / 5 63 73, Fax: 05 51 / 48 63 68
E-Mail: fairgoe@aol.com
Internet: www.fairsicherung.de/n-shop13.html

Hamburg

Marion Weichert-Prinz / Die Finanz- und
Versicherungsexpertinnen
Esplanade 6   20354 Hamburg
Tel.: 0 40 / 34 34 84, Fax: 0 40 / 34 00 17
E-Mail: marion.weichert-prinz@t-online.de
Internet: www.weichert-prinz.de

Hannover

Gudrun Kielmann / Versicherungs-
und Finanzkontor
Bödekerstraße 96   30161 Hannover
Tel.: 05 11 / 62 11 56, Fax: 05 11 / 62 28 70
E-Mail: kielmanng@aol.com

Koblenz

Bettina Kempf / Versicherungs- und
Finanzdienstleistungen für Frauen
Mendelssohnstraße 83   56076 Koblenz
Tel.: 02 61 / 9 73 05 31, Fax: 02 61 / 9 73 05 33
E-Mail: bkempf@csi.com

Köln

Heide Härtel-Herrmann / Frauenfinanzdienst
Herwarthstraße 17   50672 Köln
Tel.: 02 21 / 9 12 80 70, Fax: 02 21 / 91 28 07 90
E-Mail: info@frauenfinanzdienst.de
Internet: www.frauenfinanzdienst.de

Lübeck

Gabi Kulbe / Frauen-Conzept
Alfstraße 28–30   23552 Lübeck
Tel.: 04 51 / 7 02 37 20, Fax: 04 51 / 7 06 32 44
E-Mail: info@frauen-conzept.de
Internet: www.frauen-conzept.de

München

Svea Kuschel / Versicherungs- und
Finanzdienstleistungen für Frauen GmbH
Schornstraße 8   81669 München
Tel.: 0 89 / 4 48 57 46, Fax: 0 89 / 48 29 01
E-Mail: svea.kuschel@t-online.de
Internet: www.svea-kuschel.de

Helma Sick / frau & geld
Kaulbachstraße 41 / Rgb.   80539 München
Tel.: 0 89 / 28 72 96 30, Fax: 0 89 / 2 80 24 55
E-Mail: helma.sick@t-online.de

Schwerin

Iris Wiesner / Versicherungsmaklerin
Lübecker Straße 79   19053 Schwerin
Tel.: 03 85 / 7 58 89 88, Fax: 03 85 / 7 58 90 51
E-Mail: iris.wiesner@t-online.de

Stuttgart

Barbara Rojahn / Finanzberatung für Frauen
Parlerstraße 37   70192 Stuttgart
Tel.: 07 11 / 2 55 59 60, Fax: 07 11 / 2 55 59 61
E-Mail: rojahnBS@t-online.de
Internet: www.frauenfinanzberatung.de